XENOS · JUGENDKLASSIKER

EDGAR ALLEN POE

UNHEIMLICHE GESCHICHTEN

NACHERZÄHLT VON
DAGMAR REICHARDT

ISBN 3-8212-1100-8

Am Hehsel 40, 2000 Hamburg 63
Umschlagzeichnung: Jörg Drühl
Innenteilzeichnungen: Antonio Cerbian
Satz: KCS GmbH, Buchholz/Hamburg
Printet in Israel

Inhalt

Das verräterische Herz

Ich weiß, ich bin ein nervöser Mensch. Aber wahnsinnig bin ich nicht, auch wenn mich viele dafür halten. Denn ich kann Dinge hören, die im Himmel und auf der Erde passieren. Manchmal höre ich sogar Dinge, die sich in der Hölle abspielen. So ein gutes Gehör habe ich.

Wollt ihr wissen, wie alles geschah? Paßt auf, ich werde es euch ganz ruhig erzählen.

Ich hatte keinen handfesten Grund für meine

Tat. Und doch habe ich einen Mord begangen! Dabei mochte ich den alten Mann. Ich wollte mich weder an ihm bereichern, noch trieb mich irgendeine Leidenschaft.

Ich glaube, es war sein Auge! Ja, dieses Auge störte mich furchtbar. Ein Auge des Mannes war normal, aber das andere sah aus wie das Auge eines Geiers. Es war blaßblau, mit einem ekligen Häutchen darüber. Immer, wenn mich der alte Mann damit ansah, lief es mir eiskalt über den Rücken.

Ganz allmählich muß sich bei mir der Wunsch eingeschlichen haben, diesen Blick für immer loszuwerden.

In der Woche, bevor ich den Alten getötet habe, war ich tagsüber besonders freundlich zu ihm. In der Nacht aber, gegen Mitternacht, öffnete ich ganz, ganz langsam seine Tür, um nicht

gehört zu werden. Ich steckte meine Laterne, die einen kaum wahrnehmbaren, matten Lichtschimmer ausstrahlte, durch den Türspalt und beugte meinen Kopf in sein Zimmer. Das tat ich jede Nacht.

Ich brauchte immer eine Stunde, bis die Tür weit genug geöffnet war. So vorsichtig ging ich ans Werk.

Er durfte mich auf keinen Fall hören. Schließlich drehte ich die Laterne behutsam auf und ließ einen Lichtstrahl auf das schlafende Geierauge fallen. Ich mußte sehr aufpassen, denn die Scharniere an der Laterne knirschten ein bißchen.

Sieben Nächte lang wiederholte sich dieses Spiel. Und stets hielt der alte Mann die Augen geschlossen. Jeden Morgen kam ich fröhlich in die Küche, fragte ihn, ob er gut geschlafen hätte,

und plauderte drauflos, als ob nichts gewesen wäre.

In der achten Nacht stand ich wieder gegen Mitternacht auf. Im Zeitlupentempo drückte ich seine Türklinke Millimeter für Millimeter herunter. Währenddessen mußte ich daran denken, daß der alte Mann auf der anderen Seite nichtsahnend in seinem Bett lag und nicht im Traume ahnte, was hier geschah. Er schlief immer bei fest verschlossenen Fensterläden, weil er Angst vor Einbrechern hatte, und konnte daher nicht sehen, daß sich die Klinke bewegte. Bei diesem Gedanken mußte ich kichern.

Da hörte ich, wie sich der Mann drinnen im Bett bewegte. Er mußte mich gehört haben und war aufgewacht. Doch ich ließ mich nicht stören. Bald schob ich meinen Kopf wie gewöhnlich durch die Türöffnung und wollte die Laterne

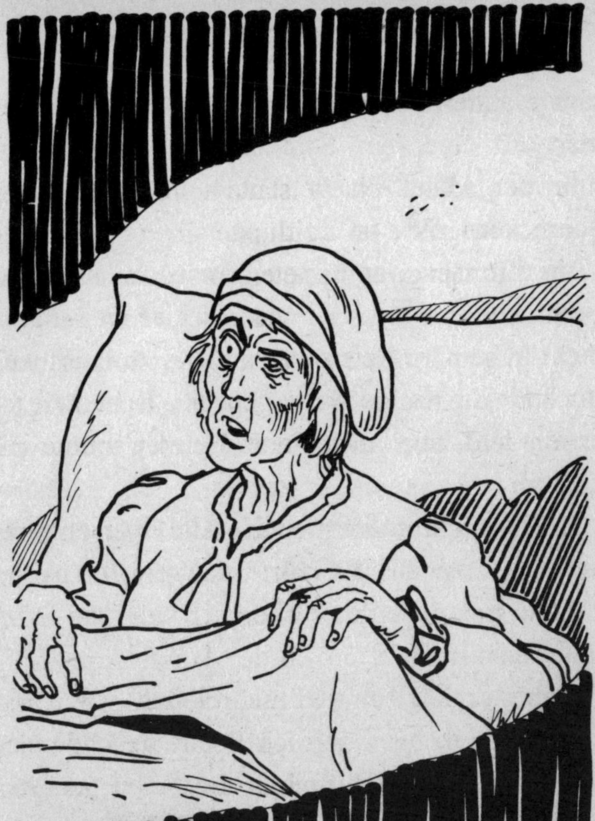

sachte aufdrehen. Plötzlich rutschte mein Daumen auf einer der Schrauben aus. Daraufhin fuhr der Mann im Bett hoch und rief voller Schrecken: »Wer ist da?«

Im Zimmer war es mucksmäuschenstill und pechrabenschwarz. Der Mann schien weiter aufrecht in seinem Bett zu sitzen und zu lauschen. Ihn hatte die nackte Angst gepackt. Irgendwie tat er mir leid, aber in meinem Inneren mußte ich kichern.

In diesem Moment stieß der Alte einen entsetzlichen Seufzer aus. Er spürte, daß sein Tod nahte.

Eine ganze Zeitlang stand ich wie zur Salzsäule erstarrt da.

Dann drehte ich unbeschreiblich vorsichtig das Licht so weit auf, daß ein hauchdünner Strahl, fein wie ein Spinnwebenfaden, aus der Laterne kam und genau in das Geierauge fiel.

Es war weit aufgerissen und starrte mich entsetzt an.

Gleichzeitig vernahm ich einen leisen, rasch pochenden Laut. Es hörte sich so ähnlich wie eine Uhr an. Es war sein Herz, und es schlug wie wild! Das reizte meine Wut, aber ich nahm mich zusammen und verhielt mich regungslos.

Die Angst des alten Mannes steigerte sich maßlos. Der Lichtstrahl fiel unentwegt in sein Geierauge. Ich wagte kaum zu atmen, während sein Herz schneller und schneller wurde. Ich hörte es immer lauter werden und bekam Angst, daß die Nachbarn davon aufwachen könnten.

Mit einem wilden Schrei drehte ich blitzschnell die Laterne auf volle Lichtstärke und stürmte in das Zimmer. In Todesangst schrie der alte Mann ebenfalls auf, doch dies sollte sein letztes Lebenszeichen gewesen sein.

Geschwind zerrte ich ihn aus dem Bett und warf im Handumdrehen die schwere Bettdecke über ihn. Ich drückte sie unerbittlich auf ihn. Sein Herz schlug noch einige Minuten lang dumpf weiter. Dann trat Stille ein. Der Mann war tot.

Ich untersuchte seinen Körper. Ja, er war mausetot. Erleichtert atmete ich auf. Jetzt würde mich sein Auge nicht mehr verfolgen. Ruhig und beherrscht begann ich, drei Bretter aus dem Fußboden zu entfernen. Ich bettete den toten Alten in die Öffnung und legte die Dielen lautlos wieder zurecht, so daß man nichts, aber rein gar nichts mehr erkennen konnte.

Dann machte ich fein säuberlich das Bett. Niemand hätte in dem Zimmer etwas Ungewöhnliches bemerkt.

Als es vom Kirchturm vier Uhr früh schlug,

klopfte es unten an der Haustür. Beschwingt ging ich hinunter, um zu öffnen. Was konnte mir schon passieren? Ich hatte ja wohl nichts zu befürchten.

Vor der Tür standen drei Polizisten. Die Nachbarn hatten einen Schrei gehört und daraufhin die Polizei alarmiert.

»Treten Sie ein!« sagte ich freundlich und tat etwas verschlafen. »Ich habe schlecht geträumt und im Schlaf geschrien. Sie können gern das Haus durchsuchen. Es ist alles in bester Ordnung. Ich wohne hier mit einem alten Mann, aber heute nacht bin ich alleine. Mein Mitbewohner ist aufs Land gefahren.«

Ich führte die drei Männer durch das Haus. Zu guter Letzt zeigte ich ihnen das Schlafzimmer des Alten.

»Setzen Sie sich doch einen Augenblick und

ruhen Sie sich von der Durchsuchung aus«, sagte ich und holte drei Stühle in das Zimmer des alten Mannes.

Die Polizisten schienen überzeugt zu sein, daß sich in meinem Haus nachts nichts Ungewöhnliches ereignet hatte, und nahmen mein Angebot erfreut an. Ich selber holte mir auch einen Stuhl und stellte ihn genau auf die Stelle, wo ich die Leiche unter den Fußbodenbrettern versteckt hatte.

Wir begannen, über ganz alltägliche Dinge zu schwätzen. Ich lächelte unbefangen. Während die Polizisten sich den einen oder anderen Scherz erzählten, merkte ich plötzlich, daß ich Kopfweh bekam. Es wurde immer schlimmer, und nach einer Weile hätte ich die drei Männer, die wie festgenagelt auf ihren Stühlen sitzenblieben, auf den Mond schießen können.

Sie schienen aber nichts zu bemerken, und so

mischte ich mich wieder betont freimütig ins Gespräch, um keinen Verdacht aufkommen zu lassen.

Dann bekam ich Ohrensausen und verhielt mich erneut ganz still. Ich hörte, wie das Blut durch meinen Kopf rauschte. Plötzlich merkte ich, daß das Geräusch gar nicht in meinen Ohren war!

Es wurde immer lauter und hörte sich wie das Ticken einer Uhr an, die man in ein Stück Stoff gewickelt hat.

War es möglich, daß es keiner außer mir hörte? Die Polizisten redeten unbeirrt weiter. Ich versuchte, mich zusammenzunehmen, aber dieser dumpfe, rasch pochende Laut lenkte mich ständig ab.

Konnte es sein, daß ich der einzige war, der ihn vernahm? Bildete ich mir am Ende gar alles

nur ein? Aber nein, das Geräusch drang immer deutlicher an mein Ohr.

Um meine Qual zu lindern, kippte ich mit den hinteren Stuhlbeinen vor und zurück, so daß der Boden knarrte. Als auch das nichts half, stand ich auf und rannte im Zimmer auf und ab. Ich konnte die forschenden Blicke der Polizeibeamten förmlich spüren. Aber sie unterhielten sich schmunzelnd weiter.

Das Pochen übertönte nun sogar meine Schritte. Es steigerte sich zu lauten Schlägen. Tock – tock – tock. Es war kaum mehr auszuhalten.

Ich betrachtete die Anwesenden mit gehetzten Augen. Nein, es war nicht möglich, daß sie nichts hörten und nichts dazu sagten. Ich bin doch nicht wahnsinnig! Sie mußten das Pochen hören, behielten es aber für sich, nur um mich zu quälen. Sie wollten mich schmoren lassen!

Grauen überkam mich. In meinem Kopf herrschte ein einziges Getöse. Ich konnte den Hohn der Polizisten, die Spaß an meinem Leid zu haben schienen, nicht länger ertragen.

Ein Schrei entriß sich meiner Brust: »Ihr Feiglinge!« hörte ich mich schreien. »Ihr verstellt euch, obwohl ihr genau Bescheid wißt! Hört auf damit, ich will alles gestehen!

Ja, ich habe den alten Mann getötet. Nehmt diese drei Dielen aus dem Boden und seht nach: Da! Da schlägt es, sein gräßliches Herz!«

Das Faß Amontillado

Ich entstamme einer alten italienischen Familie, den Montresors, und bin der Hausherr eines vornehmen Hauses, das vor vielen Jahrhunderten erbaut wurde.

Mein Freund heißt Fortunato und ist ebenfalls italienischer Abstammung. Aber ob er wirklich mein Freund war?

In den letzten Jahren hatte er mich wiederholt gekränkt oder ungerecht behandelt. Doch als er

mich zu beleidigen begann, schwor ich im Namen meiner Familie, Rache an ihm zu nehmen. Denn beleidigen lassen wir Montresors uns nicht!

Ich mußte mit List und Tücke vorgehen. In den folgenden Tagen war ich zu Fortunato so nett wie eh und je. Er sollte nicht an meiner aufrichtigen Freundschaft zweifeln.

Er ahnte nichts von meinem Racheschwur.

In der Zwischenzeit schmiedete ich einen Plan. Ich beschloß, mir eine Schwäche Fortunatos zunutze zu machen. Und zwar war er ein sehr guter Weinkenner. Bei uns in der Nähe wohnte noch ein anderer Herr, der Herr Luchesi hieß und den Fortunato nicht ausstehen konnte. Luchesi konnte bereits nach einem einzigen Probeschluck jeden italienischen Wein erkennen.

Das mißfiel Fortunato, denn er sah dadurch

seine eigenen Künste und Kenntnisse in den Schatten gestellt.

Die Karnevalszeit kam, die bei uns tagelang feuchtfröhlich gefeiert wird. An dem Abend, als das Faschingsfest seinen Höhepunkt erreichte, machte ich mich auf, um in die Stadt zu gehen. Ich mischte mich unters Volk, und es dauerte nicht lange, da stieß ich auf Fortunato.

»Guter Freund!« rief ich ihm über ein paar fremde Köpfe hinweg zu. »Ich muß Ihnen etwas erzählen.« Dann bahnte ich mir einen Weg durch die Menge und stand vor ihm.

Fortunato hatte sich als Harlekin verkleidet und trug einen enganliegenden Anzug, der auf der linken Hälfte andersfarbig als auf der rechten Seite war. Auf dem Kopf trug er eine spitze Narrenkappe, an der einige Schellen hingen.

»Guten Abend, guten Abend!« begrüßte ich

ihn frohgelaunt. »Sie sehen ja prächtig aus, Fortunato!«

»Danke!« gab sich Fortunato leutselig und schaute stolz an sich herunter. Er schien schon einiges getrunken zu haben. »Doch was wollten Sie mir erzählen, mein Freund?«

»Ach ja«, antwortete ich. »Stellen Sie sich vor, ich habe heute ein Faß teuren Sherry gekauft, und der Verkäufer sagte mir, es handele sich um einen echten Amontillado. Ich wollte vor dem Handel Ihr Urteil einholen, konnte Sie aber nirgendwo finden. Deswegen kaufte ich ihn blind. Im nachhinein überkamen mich Zweifel, ob er wohl echt ist.«

»Ein echter Amontillado mitten in der Karnevalszeit?« unterbrach mich Fortunato. »Das ist so gut wie ausgeschlossen, mein Lieber!«

»Tja, wie gesagt«, meinte ich zögernd. »Ich

habe auch so meine Zweifel. Jetzt will ich natürlich wissen, ob ich mein Geld zum Fenster hinausgeworfen oder einen guten Kauf gemacht habe!« Und ich warf mir das Ende meines Umhangs über die Schulter. »Aber Sie haben wohl keine Zeit«, fügte ich listig hinzu. »Ich werde Luchesi suchen. Er wird mir bestimmt sagen können . . .«

»Luchesi!« unterbrach mich Fortunato verächtlich. »Der kann doch einen Amontillado von keinem gewöhnlichen Sherry unterscheiden!«

»Immerhin gibt es genug Leute, die ihn für einen ebenso guten Weinkenner halten, wie Sie es sind«, stichelte ich weiter.

»Papperlapapp!« sagte Fortunato. »Kommen Sie, jetzt sofort gehen wir in Ihren Weinkeller. Und ich werde Ihnen im Handumdrehen sagen können, ob sich Ihr Kauf gelohnt hat!«

»Warten Sie!« wandte ich ein. »Ich sehe, daß Sie erkältet sind, und meine Keller sind lang und feucht.«

»Das macht gar nichts«, versteifte sich Fortunato. »Ich werde schon nicht daran sterben.«

Ich band mir eine schwarze Seidenmaske vor das Gesicht, hüllte mich in meinen langen Umhang und folgte Fortunato, der eifrig vorausging, zu meinem Haus.

Meine Diener hatten alle Ausgang, um Karneval zu feiern. Ich nahm zwei brennende Fackeln in die Hand und gab Fortunato eine davon. So schritten wir durch eine ganze Reihe von Zimmern im Erdgeschoß, bis wir vor dem Bogengang standen, der zu den Kellern führte.

Hier unten befanden sich die Katakomben, die den Montresors seit Generationen als Familiengrab dienten. Sie führten tief unter der Erde ent-

lang. Am Rande der Gänge lagen hier und dort größere und kleinere Haufen aufgeschichteter Gebeine. An den feuchten Wänden hatten sich im Laufe der Jahrhunderte weiße Salpeterkrusten gebildet. Ich benutzte die muffigen Gewölbe, um meine Weinfässer und -vorräte aufzubewahren.

Als wir hinunterstiegen, fing Fortunato heftig zu husten an.

»Lassen Sie uns umkehren, Fortunato«, tat ich besorgt. »Sie werden ja krank! Ich kann doch auch Luchesi fragen!«

»Aber nein«, sagte Fortunato, dessen Gemüt ich nur allzu gut kannte. »Der Husten wird mich nicht gleich umbringen. Ich werde Ihnen zeigen, daß ich der zuverlässigste Weinkenner weit und breit bin!«

Ich hielt an, denn mir war eine Idee gekommen.

»Hier!« sagte ich zu Fortunato und hielt ihm eine Flasche französischen Rotwein hin, die ich von einem der langen Regale genommen und entkorkt hatte. »Das wird Ihnen guttun. Trinken Sie!«

Fortunato setzte die Flasche an die Lippen und trank gierig. Dann gingen wir weiter.

»Ihre Katakomben sind ja riesig«, setzte Fortunato das Gespräch fort.

»Ja«, erwiderte ich. »Wir waren eine große Familie. Meine Ahnen liegen hier unten begraben, wie Sie sehen. Eine Tradition des alten Adels.«

»Haben Sie auch ein Wappen?«

»Selbstverständlich. Es zeigt einen großen goldenen Fuß in einem blauen Kreis.

Der Fuß zertritt gerade eine Schlange, die sich um ihn ringelt und ihm in die Ferse beißt. Um

den Kreis steht unser lateinischer Wahlspruch: NEMO ME IMPUNE LACESSIT.«

»Was heißt das?« fragte mich Fortunato.

»Das heißt: Niemand kränkt mich ungestraft!«

»Ein gutes Motto!« meinte Fortunato mit angetrunkener Stimme, und seine Schellen klingelten, während wir vorwärts schritten.

Allmählich gelangten wir in den entlegensten Teil der Katakomben, der sich direkt unter einem Fluß befand. Wasser tropfte zwischen die Totenköpfe, und auf dem Boden hatten sich kleinere Pfützen gebildet. Fortunato bekam wieder einen Hustenanfall. »Es ist jetzt nicht mehr weit«, sagte ich. »Aber Ihr Husten wird schlimmer. Möchten Sie vielleicht doch zurück, Fortunato?«

»Aber woher denn!« wehrte er entschieden ab. »Aber Sie könnten mir ruhig noch etwas zu trinken geben. Dann wird es schon gehen.«

Ich griff nach einer neuen Weinflasche, öffnete sie und reichte sie ihm. Fortunato trank die Flasche mit einem Zug leer. Schwankend ging er weiter.

»Wo ist das Faß mit dem Amontillado?« fragte er lallend. »Ich sehe es nicht.«

»Wir sind gleich da«, antwortete ich und stützte den Betrunkenen. »Gehen wir!«

Wir stiegen noch einen Gang hinab, der in ein niedriges Gewölbe führte. Die Luft war hier so stickig, daß unsere Fackeln fast ausgingen. In einer der vier Wände befand sich eine dunkle, mannshohe Nische. Man konnte von außen schlecht sehen, wie tief sie hineinging. Davor lagen einige Gebeine, die vorher in der Nische gelegen haben mochten und dort vielleicht von einem Stapel heruntergefallen waren.

Fortunato, der voranging, hielt neugierig seine

Fackel in die Nische. Doch sie brannte zu spärlich, um die Höhle zu erleuchten.

»Treten Sie hinein«, forderte ich ihn auf. »Das Faß Amontillado liegt genau dort. – Übrigens, was Luchesi betrifft . . .« fügte ich hinzu.

»Zum Henker mit Luchesi!« grollte Fortunato mißgünstig und machte tapfer einen Schritt in die Nische. Geschwind schlüpfte ich hinter ihm her, und als Fortunato gegen die hintere Wand der Nische stieß, packte ich in Windeseile erst seine linke und dann seine rechte Hand, riß ihn herum und ließ zwei Eisenringe um seine Handgelenke zuschnappen.

Fortunato war nun mit dem Rücken an eine Granitmauer gekettet und stand völlig verdutzt im Düstern. Er war viel zu überrumpelt und viel zu betrunken gewesen, um Widerstand zu leisten. Die Mitte der Kette hatte ich ihm um den

Leib geschlungen, so daß sie bei jeder Bewegung rasselte. Den Schlüssel für die Handschellen steckte ich in meine Tasche.

»Die Feuchtigkeit ist ja kaum auszuhalten«, sagte ich spöttisch. »Wenn Sie jetzt nicht mit mir zurückkommen, muß ich Sie hier leider alleine lassen, mein Freund. Doch bevor ich gehe, werde ich es Ihnen noch richtig gemütlich machen.«

Daraufhin zog ich eine Maurerkelle aus der Tasche und schob die Gebeine, die vor der Nische lagen, beiseite. Ich hatte bereits vor Tagen unter den Knochen einen Kübel mit Mörtel und einen Haufen Ziegelsteine versteckt, die ich nun hervorholte.

Jetzt begann ich, den Eingang der Nische zuzumauern.

Ich legte Stein auf Stein, und bald darauf war die erste Reihe der Mauer fertiggestellt.

Fortunato hatte bis dahin nur ein »Aber... das Faß Amontillado...?« gestammelt und sonst nichts von sich gegeben. Nun schien er sich langsam seiner bedrohlichen Lage bewußt zu werden und stieß einen gequälten Schrei aus. Die betäubende Trunkenheit wich angesichts der wachsenden Mauer aus seinem Körper.

Als ich die zweite Lage gemauert hatte, rasselte er wütend mit der Kette und versuchte, sich zu befreien. Voller Genugtuung über seine Hilflosigkeit setzte ich mich auf den Knochenhaufen und ließ ihn toben.

Als er erschöpft innehielt, machte ich mich wieder an die Arbeit.

Ohne eine weitere Unterbrechung legte ich die dritte, die vierte, die fünfte, sechste und schließlich die siebte Lage. In der Nische hatte sich nichts mehr gerührt. Ich nahm die Fackel in die

Hand und hielt sie über die Mauer, um nach Fortunato zu sehen.

Da gellte ein entsetzlicher Schrei aus seinem Mund. Er ging mir durch Mark und Bein. Doch dann schrie ich genauso entsetzlich, wenn nicht noch lauter zurück, und mein Freund verstummte. Unbeirrt setzte ich meine Arbeit fort.

Inzwischen war es Mitternacht. Es fehlte nur noch ein einziger Stein in der Mauer. Müde hob ich ihn auf und wollte ihn gerade in die Lücke schieben, da hörte ich, wie Fortunato fürchterlich zu lachen anfing.

»Hahahahaha! Das war wirklich ein gelungener Streich, Montresor! Wenn wir den anderen davon erzählen, werden sie sich schieflachen«, prustete er.

»Aber«, fügte er hinzu, als er sich wieder beruhigt hatte, »es ist mittlerweile spät gewor-

den. Meine Frau und die anderen warten bestimmt schon auf uns. Wollen wir nicht allmählich zurückkehren?«

»Ja«, ließ ich ihn in seinem Glauben, »gehen wir zurück!«

Aber mein Freund antwortete nicht mehr. Ich blieb eine Weile mit dem letzten Stein in der Hand vor der Mauer stehen und lauschte. Nichts rührte sich.

»Fortunato!« rief ich. Doch es kam keine Antwort.

Ich zwängte eine Fackel durch die Mauerlücke und ließ sie in die Nische fallen. Daraufhin vernahm ich ein dumpfes Kettengeklirr. Sonst blieb alles still.

Schnell legte ich den letzten Stein in die Mauer und mörtelte ihn fest. Die schlechte Luft in dem Gewölbe machte mich schwindelig. Ich

schichtete die Gebeine vor der Nische auf und verließ Fortunatos Grabstelle.

All das geschah vor nunmehr fünfzig Jahren, und kein irdisches Wesen hat Fortunatos Ruhe seitdem gestört: IN PACE REQUIESCAT! – Er ruhe in Frieden!

Der Untergang des Hauses Usher

Vor vielen Jahren erreichte mich eines schönen Herbsttages ein Brief von einem alten Jugendfreund. Ich hatte lange Zeit nichts mehr von Roderich Usher gehört. Als Kinder waren wir eng befreundet gewesen. Nun schrieb er mir, daß er krank sei. Er fühle sich oft sehr niedergedrückt und hege daher den Wunsch, mich – seinen besten und einzigen Freund – nach so langen Jahren endlich einmal wiederzusehen.

Er lud mich ein, in sein Haus zu kommen und mehrere Wochen zu Besuch zu bleiben.

Ohne lange nachzudenken, packte ich meine Sachen, sattelte mein Pferd und ritt bald darauf in die Gegend, in der Roderich Usher lebte.

Viel wußte ich nicht mehr über das Leben meines Freundes. Ich hatte gehört, daß er von einer alten Familie abstammte, die jedoch nie besonders viele Angehörige gezählt hatte. Die Familie hatte zwar über Jahrhunderte hinweg fortbestanden, aber alle Nachkommen konnten ihr Verwandschaftsverhältnis zu dem Gründer der Familie direkt und leicht zurückverfolgen. So kam es, daß Roderich als letztes Glied in der Kette genau wie der Ahnvater der Sippe den Namen Usher trug.

Die Ushers waren angeblich immer schon eine sehr kunst- und musikliebende Familie gewesen.

Sie lebte seit Generationen in einem Schloß, das nun in Roderichs Besitz übergegangen war und in das er mich eingeladen hatte.

Bevor ich mich dem Stammschloß näherte, durchritt ich eine trostlose Gegend. Es war ein düsterer und stiller Herbsttag. Die Landschaft war karg und öde. Trübsinnig trottete ich dahin.

Endlich tauchte vor mir das Haus Usher auf. Bei seinem Anblick ergriff mich eine unerträgliche Schwermut, und zugleich schüttelte mich eine eisige Kälte. Das Gebäude wirkte unheimlich mit seinen kahlen Mauern und den Fenstern, die wie leere Augenhöhlen vor sich hinstarrten. Ringsum standen einige ausgetrocknete und verdorrte Bäume. Vor dem Schloß lag ein trüber, unbeweglicher Teich, dessen Wasser fast schwarz war. Den ganzen Ort umschwebte ein geheimnisvoller, unheilverkündender Dunst.

Befangen ritt ich auf meinem Pferd den Weg hinunter, der auf das Schloß zuführte.

Je näher ich dem Haus kam, desto besser erkannte ich es durch den Schleier, der in der Luft hing. Gewiß, es mußte vor vielen Jahrhunderten erbaut worden sein, doch es wirkte nicht bröckelig. Das Mauerwerk kam mir sogar unnatürlich gut erhalten vor. Allerdings wucherten an den Hauswänden winzige Pilze, die wie ein seidener Teppich von den Dachrinnen herunterhingen.

Als ich den Eingang schon fast erreicht hatte, bemerkte ich, daß ein feiner Riß die Vorderseite des Hauses vom Dach bis zum Erdboden zickzackförmig durchlief.

In diesem Augenblick trat ein Diener aus dem Haus, um mich zu begrüßen. Ich stieg von meinem Pferd und übergab es ihm, damit es im Stall versorgt wurde. Dann trat ich in das Haus.

Ein zweiter Diener empfing mich in der hohen Eingangshalle und nahm mir mein Gepäck ab. Anschließend führte er mich durch mehrere Gänge.

Obwohl ich das Haus aus meiner Kindheit her kannte, beschlich mich ein fremdartiges Gefühl. Alles, was ich sah, wirkte bedrückend auf mich: die alten, geschnitzten Decken, die abgewohnten Tapeten, die dunkelfarbigen Fußböden, die verstaubten Wappenschilde.

Ich folgte dem Diener die Treppe hinauf. Der Hausarzt kam uns gerade entgegen und begrüßte mich beiläufig.

Endlich öffnete der Diener die Tür zu Rodérichs Arbeitszimmer. Mit einem Blick erfaßte ich die gleiche düstere Stimmung, die das ganze Schloß beherrschte. Der Parkettfußboden war in diesem Zimmer aus schwarzem Holz, die

Wände waren dunkel, die Fenster schmal, hoch und spitz. Die Möbel waren verbraucht und teilweise beschädigt. Rund um das alte Sofa, auf dem Roderich Usher ruhte, lagen Bücher und Musikinstrumente auf dem Boden verstreut.

Usher stand auf und begrüßte mich freudig: »Endlich, mein guter alter Freund!« rief er aus. »Ich freue mich so, daß Sie etwas Abwechslung in meine traurigen Tage bringen!«

Ich antwortete höflich und betrachtete Usher dabei verstohlen. Er hatte sich sehr verändert. Sein Gesicht war abgemagert und leichenblaß. In seinen Augen lag ein rätselhafter, unnatürlicher Glanz, und sein feines Haar hatte er wild wachsen lassen, so daß es ihm ungepflegt vom Kopf herabhing.

»Mein lieber Usher«, fragte ich mitfühlend, »an welcher Art Krankheit leiden Sie eigentlich?«

»Es ist eine geerbte Familienkrankheit«, antwortete mein Freund mit zitternder Stimme. »Ich habe keine bestimmten Schmerzen, sondern bin nur nervlich etwas angegriffen. Ich vertrage plötzlich so vieles nicht mehr. Ich kann nur noch ungewürzte Speisen essen und bestimmte Stoffe tragen. Meine Augen und Ohren sind überempfindlich geworden, so daß ich mich keinem grellen Licht und nur noch bestimmter Musik aussetzen kann.«

Bald darauf bemerkte ich, daß sich Usher vor irgend etwas zu fürchten schien, und vermutete dahinter ein Geheimnis, das ich lüften wollte.

»Wovor fürchten Sie sich?« fragte ich ihn gegen Abend.

»Ja, ich bin ein furchtsamer Mensch geworden«, gab er stöhnend zu. »Ich verlasse schon seit Jahren nicht mehr das Schloß. Ich fühle

mich an das Haus gekettet, und meine Verlassenheit hat mir im Laufe der Jahre gänzlich die Lebensfreude verdorben.«

Nachdem er noch eine Weile über meine Frage nachgedacht hatte, fügte er hinzu: »Und da gibt es noch etwas, das mir angst macht. Ich lebe hier mit meiner Schwester Madeline. Sie ist die letzte Verwandte, die mir geblieben ist. Leider ist sie seit langem krank. Ich liebe sie sehr, aber ich fürchte, daß sie bald stirbt und mich als einzigen und letzten Usher zurücklassen wird. Das ist ein hartes Schicksal!«

Während Usher diese Worte sprach, merkte ich, daß sich im Hintergrund des Zimmers etwas regte.

Plötzlich sah ich eine Frau, die durch eine Tür hereingekommen war und, ohne mich zu bemerken, im hinteren Teil des Zimmers durch eine

zweite Tür wieder verschwand. Es war Lady Madeline gewesen.

Erstaunt drehte ich mich zu Roderich zurück und sah, daß er sein Gesicht in die Hände vergraben hatte und leise weinte.

»Ihre Krankheit ist schrecklich«, schluchzte er.

»Sie interessiert sich für gar nichts mehr und ist dünn wie ein Strich geworden. Ich hänge sehr an ihr. Sie ist meine Zwillingsschwester.«

Nachdem er gesprochen hatte, war ich mir plötzlich sicher, daß der flüchtige Blick, mit dem ich Lady Madeline gestreift hatte, auch der letzte bleiben würde, den ich von ihr lebend jemals erhaschen würde.

Tatsächlich sah man in den nächsten Tagen nichts mehr von ihr. Ich malte, las und musizierte mit meinem Freund, so gut das in seinem

Zustand ging. Allmählich entwickelte sich wieder die alte Vertrautheit zwischen uns.

Eines Tages zeigte er mir ein kleines merkwürdiges Bild, das er fertiggestellt hatte. Es zeigte eine Höhle oder einen Tunnel mit niedrigen, weißen Wänden. Dieser Ort schien sich tief unter der Erde zu befinden. Nirgends war ein Ausgang oder eine Fackel zu sehen. Dennoch drang ein Bündel greller Strahlen durch den Raum.

Nachdem ich die rätselhafte Zeichnung begutachtet hatte, griff Roderich zur Laute und sang dazu mit Grabesstimme erschütternde Verse, die er sich während des Singens ausdachte.

Wir sprachen darüber, daß die sonderbare Trostlosigkeit, die auf dem Haus und seiner Umgebung lastete, über die Jahrhunderte hinweg einen so quälenden Einfluß auf Roderichs

Ahnen gehabt haben mußte, daß sich daraus eine Krankheit entwickelt hatte – die Krankheit, an der Roderich und seine Schwester litten!

Eines Abends teilte mir mein Freund unvermittelt mit, daß Lady Madeline gestorben sei.

»Ich möchte sie nicht gleich in die Familiengruft bringen lassen, die weit vom Haus entfernt liegt«, sagte er. »Bevor sie endgültig beerdigt wird, will ich Madeline vierzehn Tage lang bei uns im Haus verstecken.«

»Roderich«, begann ich, »ich kann Ihre Trauer gut verstehen. Aber Ihr Vorhaben erscheint mir ungewöhnlich. Warum wollen Sie sie nicht gleich begraben?«

»Die Ärzte haben mir eine Menge sonderbarer Fragen über Madelines Krankheit gestellt«, erklärte er mir. »Ich fürchte, sie werden sich an Madelines Leiche heranmachen, sobald sie in

der Gruft liegt, um weitere Untersuchungen über ihre Krankheit anzustellen.«

»Und wo möchten Sie ihren Körper verstekken?« fragte ich meinen Freund.

»Wir werden ihn heute nacht in den Keller tragen«, antwortete er. »Ein Sarg ist bereits vorhanden.«

Ganz wohl war mir bei der Sache nicht, doch ich verstand die Gründe für Roderichs seltsames Verhalten.

Als es Abend wurde, betteten wir die Leiche in den Sarg und trugen ihn die Stufen zum engen und feuchten Keller hinunter. Wir erreichten ein Gewölbe, das tief unter jenem Flügel des Schlosses lag, in dem sich mein Schlafzimmer befand.

Früher mußte der Raum als Waffenlager und Aufbewahrungsort für Schießpulver gedient haben. Roderich öffnete eine schwere, kreischende

Eisentür. Der Boden war mit Grünspan überzogenem Kupfer ausgeschlagen.

Usher und ich hoben den Sargdeckel ein letztes Mal hoch, nachdem wir den Leichnam in den Waffenraum getragen hatten. Ich sah, daß sich die Geschwister sehr ähnelten. Lady Madeline war jung gestorben. Ihren Mund umspielte ein gespenstisches Lächeln. Roderich schob den Sargdeckel zu, und gemeinsam schraubten wir ihn fest.

Für meine Freund Usher folgten nun Tage der tiefen Trauer. Sein Gesicht wurde noch blasser, seine Augen bekamen einen stumpfen Ausdruck, und er lief wie ein Wahnsinniger in seinem Zimmer hin und her.

Ich litt unter seinem Zustand. Es vergingen sieben entsetzlich lange Tage. In der Nacht konnte ich nicht schlafen. Ich hörte, daß ein

Sturm aufzog. Mein Bett knarrte bei jeder Bewegung. Unruhig setzte ich mich auf.

Als der Wind zwischendurch etwas nachließ, glaubte ich, etwas zu hören. Ohne zu überlegen, zog ich mir meine Kleider an. Dies wurde mir erst bewußt, nachdem ich es getan hatte. Um meine Aufregung zu lindern, begann ich im Zimmer auf und ab zu gehen. Da hörte ich vor meiner Zimmertür Schritte.

Wenig später klopfte es, und Usher trat ein. Er hatte eine Lampe in der Hand, und ich konnte sehen, daß in seinen Augen ein irrsinniger Blick flackerte.

»Haben Sie es auch gesehen?« fragte er mich atemlos.

»Was?« entgegnete ich überrascht.

»Warte, ich zeige es Ihnen«, sagte Usher und ging auf mein Fenster zu. Er öffnete es und stieß

die Fensterläden auf. Der Wind heulte ins Zimmer. Draußen war es eiskalt. Ich sah, daß die Wolken dunkel und tief über uns hingen. Der Sturm änderte alle paar Minuten seine Richtung und wirbelte mal hierhin, mal dorthin. Obwohl es tiefe Nacht und der Himmel stark bewölkt war, umgab ein eigenartiger Lichtschimmer das Schloß. Die ganze Gegend wirkte wie in ein Leichentuch gehüllt. Ich schauerte.

Dennoch sagte ich zu Usher: »Das ist nichts Außergewöhnliches. Es gibt Naturschauspiele, bei denen elektrische Ladungen zustande kommen. Das Glühen um uns herum ist bestimmt durch den Sturm und ein herannahendes Gewitter entstanden.«

Dann bat ich ihn, das Fenster zu schließen.

Dennoch waren wir viel zu aufgeregt, um uns wieder schlafen zu legen. Wir setzten uns in

mein Schlafzimmer, und ich beschloß, Usher etwas vorzulesen. Das würde uns ablenken und beruhigen.

Ich nahm das einzige Buch zur Hand, das ich in dem Zimmer finden konnte. Darin wurde ein abenteuerliches Märchen erzählt.

Der Held hieß Ethelred. Ich las, wie Ethelred ausging, um mit einem bösen Einsiedler zu kämpfen. Laut las ich Usher vor:

»Als Ethelred vor der Tür des Einsiedlers stand und dieser ihm nicht öffnen wollte, hob Ethelred seine Keule und schlug wütend auf die Brettertür ein. Laut krachend brach er ein Loch in die trockenen Bretter, so daß es durch den ganzen Wald hallte.«

Kaum hatte ich den letzten Satz gelesen, horchte ich auf. War es nur meine Einbildung, oder war da eben nicht ein entferntes Poltern zu

hören gewesen, als ob irgendwo tatsächlich eine Tür eingeschlagen würde? Es hatte sich so angehört, als sei es aus einem entlegenen Teil des Schlosses gekommen.

Aber nein, es mußte der Sturm gewesen sein. Ich nahm das Buch wieder zur Hand und fuhr fort:

»Mutig betrat Ethelred die Höhle des Einsiedlers. Erstaunt fuhr er zurück, als er statt des alten Mannes einen furchterregenden, feuerspeienden Drachen vor sich sah. Tapfer holte er mit seiner Keule zu einem Schlag aus und traf den Drachen am Schädel. Mit einem markerschütternden Schrei brach das Drachentier zusammen. Ethelred hielt sich die Ohren zu, denn er hatte noch nie ein grauenvolleres und gräßlicheres Geheul vernommen.«

Wieder machte ich eine Pause. Diesmal war es

deutlich zu hören: Irgendwo schrie jemand genau so gellend, wie es in dem Buch beschrieben war. Ich fragte mich, ob Usher das geiche spürte wie ich. Oder hatte er mich am Ende mit seiner Nervosität angesteckt, und ich bildete mir alles nur ein?

Fragend blickte ich zu ihm auf. Da sah ich, daß er langsam seinen Stuhl umdrehte, so daß er die Zimmertür direkt im Auge hatte. Er starrte sie mit unbeweglichem Blick an. Seine Lippen zuckten. Rastlos rückte er seinen Stuhl hin und her, so daß er keine Minute ruhig saß.

Ich fing wieder an zu lesen:

»Dann erkannte Ethelred, daß sich hinter dem Drachen ein Palast befand. Entschlossen schritt er darauf zu, denn ihm war das eiserne Wunderschild eingefallen, das er holen wollte.

Als er vor dem Palast stand, fiel das Schild

wie durch einen Zauber herab und landete scheppernd auf dem Silberboden vor Ethelreds Füßen.«

In dieser Sekunde vernahm ich einen metallisch klingenden Widerhall, so als ob tatsächlich das Schild auf den Silberboden gefallen wäre.

Entsetzt fuhr ich hoch und blickte Usher in die Augen. Doch der schaukelte mit seinem Körper unentwegt nach vorne und zurück. Er lächelte wie ein Wahnsinniger und wisperte ohne Unterlaß unverständliches Zeug.

»Hörst du denn gar nichts?« herrschte ich ihn fassungslos an.

Usher zeigte zunächst keine Reaktion. Dann redete er plötzlich wie ein Wasserfall drauflos, so daß ich Mühe hatte, ihm zu folgen: »Natürlich höre ich es. Ich höre es schon lange, lange, lange . . . Seit vielen Tagen höre ich es schon . . .

aber ich traute mich nicht, etwas zu sagen. Wir... wir haben sie lebendig begraben! Ich wollte es zuerst nicht glauben. Aber als wir lasen, wie Ethelred die Tür des Einsiedlers aufbricht, da hörten wir in Wirklichkeit, wie Madeline den Sarg aufstieß. Und der gellende Schrei des Drachen, das war das Kreischen der eisernen Kellertür... Und das Scheppern des Schildes auf dem Silberboden, das war Madeline, die auf den Kupferplatten im Keller versuchte, ihrem Gefängnis zu entkommen! Ach Madeline... sind das nicht deine Schritte, die ich da höre? Hilfe! Sie steht schon vor unserer Tür! Hilfe!« schrie Usher die letzten Worte in Panik.

Im selben Augenblick öffnete sich die alte, schwere Holztür meines Schlafzimmers wie von Geisterhand.

Es mußte die Zugluft gewesen sein. Doch das

Blut gefror mir in den Adern, als ich vor der geöffneten Tür plötzlich Madeline Usher stehen sah. Sie war in weiße Leichentücher gewickelt, auf denen Blutspuren zu sehen waren. So, als habe sie tatsächlich einen schweren Kampf hinter sich.

Gequält stöhnte sie auf und taumelte auf ihren Bruder zu, der ohnmächtig vor Schrecken auf seinem Stuhl sitzen geblieben war. In ihrem Todeskampf krallte sie sich fest an ihn und riß ihn endlich leblos mit sich zu Boden.

Roderich Usher starb genau den Tod, den er für sich vorhergesehen hatte.

Entsetzt floh ich aus dem Zimmer und rannte, so schnell ich konnte, aus dem Haus. Besinnungslos vor Angst lief ich den Weg hinunter, der zu dem Schloß der Ushers führte.

Plötzlich bemerkte ich vor mir auf dem Boden

einen grellen Lichtstrahl. Wild riß ich mich herum, um zu sehen, woher er kam. Hinter mir lag das alte Stammschloß, und ich sah die wilden Schatten, die es warf. Das Licht kam von dem blutroten Vollmond, der gerade hinter dem Haus unterging. Er schien durch den Riß, der das Haus vorne in einer Zickzacklinie durchzog und der mir bereits bei meiner Ankunft aufgefallen war.

Ich blieb stehen und sah, daß sich der Riß langsam, aber sicher erweiterte. Er wurde größer und größer und drohte das Gebäude entzweizureißen.

In dem Augenblick tobte der Sturm in den Spalt, und die Hausmauern brachen unter einem lauten Tosen ein. Der Zerfall hörte sich wie tausend stürmische Meere an. Dann sanken die Mauern vor meinen Augen langsam in den

Boden, und die letzten Trümmer des Hauses Usher fielen in den tiefen, dunklen Teich, der sie still und trübe verschluckte.

Der Goldkäfer

1. Teil – In Legrands Hütte

Es ist schon viele Jahre her, da lernte ich zufällig einen sehr gebildeten Mann namens William Legrand kennen.

Ich wohnte damals in Charleston. Etwa neun Meilen von dieser Stadt entfernt liegt noch heute eine Insel, die an die drei Meilen lang, aber sehr schmal ist. Sie heißt die Sullivaninsel, und man kann sie bequem vom Festland aus erreichen, denn sie ist nur durch einen kleinen Meeresarm

von der Küste getrennt. Hier gibt es viel Schlamm, Sumpfhühner und dichtes Schilf.

Mr. Legrand lebte damals bereits auf der Sullivaninsel. Er hatte sich auf dem einsamsten Fleckchen eine Hütte gebaut. Rundherum umgab ihn ein undurchdringliches Dickicht aus duftenden Myrtenbüschen.

Dort lebte er wie ein Einsiedler in völliger Abgeschiedenheit mit einem alten Neger, seinem Diener Jupiter, und einem kräftigen Hund, der den Namen Wolf trug.

Aus unserer Bekanntschaft entwickelte sich bald Freundschaft. Ich empfand viel Zuneigung für William Legrand, obwohl er sehr unterschiedlichen Stimmungen unterworfen war, wie ich bald merkte. Mal war er himmelhoch jauchzend, mal zu Tode betrübt.

Das erklärte sich vielleicht aus der Tatsache,

daß Legrand einer alten Hugenottenfamilie entsprang, die früher einmal sehr reich gewesen war. Verschiedene Schicksalsschläge hatten ihn in die Armut gestürzt, und um seinem Unglück zu entrinnen, hatte er die Stadt seiner Ahnen, New Orleans, verlassen und war auf die Sullivaninsel gezogen.

Hier lebte er ungestört. Stundenlang streifte er in Begleitung seines treuen Dieners am Strand entlang, jagte das eine oder andere Tier, fischte oder sammelte Muscheln und seltene Insekten.

An einem kühlen Oktobertag entschloß ich mich, meinen Freund zu besuchen und ließ mich zur Insel übersetzen. Mühsam kämpfte ich mich durch das dichte Gestrüpp, hinter dem sich seine Hütte versteckte.

Als ich sie endlich erreicht hatte, klopfte ich an die Tür, erhielt aber keine Antwort. Ich trat

ein und sah, daß im Kamin ein helles Feuer brannte. Ich legte meinen Mantel ab, machte es mir in einem Lehnstuhl bequem und wartete auf Legrands Rückkehr.

Erst spät, als es langsam dunkel wurde, kam er mit Jupiter zurück. Legrand begrüßte mich herzlich, und Jupiter machte sich daran, zwei Sumpfhühner zum Abendessen zuzubereiten. Begeistert legte mir Legrand eine unbekannte zweischalige Muschel vor, die er im Sand gefunden hatte.

»Außerdem haben wir einen ausgefallenen Käfer gefunden«, berichtete er stolz. »Ich habe ihn mit Jupiters Hilfe gefangen. Er ist wunderschön!«

»Wo ist er?« fragte ich neugierig.

»Auf dem Heimweg sind wir dem Förster der Insel begegnet«, antwortete Legrand. »Ich zeigte

ihm den toten Käfer, und er war ganz hingerissen davon. Dummerweise lieh ich ihm das Tier, damit er es sich zu Hause besser anschauen kann. Daher kann ich es Ihnen nicht zeigen! – Es sei denn«, fügte er freundschaftlich hinzu, »Sie blieben über Nacht. Wir könnten ihn morgen sofort durch Jup holen lassen.«

»Danke«, wehrte ich ab, »aber ich kann nicht. Verschieben wir es auf ein anderes Mal.«

»Dann will ich Ihnen das Tier wenigstens genau beschreiben«, fuhr Legrand entzückt fort. »Sein Panzer hat eine glänzende goldene Farbe, und es hat zwei kohlrabenschwarze Flecken auf dem Rücken.«

»Der Käfer ist ein Goldkäfer«, mischte sich Jupiter in das Gespräch ein.

»Er ist aus reinem Gold! Aus reinem Gold!« sagte er begeistert und betonte jede Silbe.

»Ich werde Ihnen den seltsamen Käfer aufzeichnen«, sagte Legrand beschwingt und setzte sich an einen Tisch, auf dem ein Tintenfaß mit einer Schreibfeder stand. Er zog die Schublade auf und suchte darin nach Papier, fand aber keines. Dann klopfte er gegen seine Taschen, faßte sich in die Westentasche und fand darin einen schmutzigen Lappen, den er auf den Tisch legte. Mit Feuereifer kritzelte er drauflos und reichte mir die Zeichnung, als sie fertig war.

In diesem Moment war ein lautes Scharren an der Tür zu hören. Es war Wolf, Legrands Hund, dem Jupiter sofort die Tür öffnete. Stürmisch sprang Wolf zu uns in die Stube und begrüßte mich schwanzwedelnd. Ich kannte den Hund bereits und tätschelte ihm mit der einen Hand den Kopf, während ich die andere zum Kamin hinhielt, um Legrands Zeichnung zu schützen.

Befriedigt wandte sich der Hund Jupiter zu, der mit den Hühnern beschäftigt war, während ich die Zeichnung genauer betrachtete.

»Ich würde sagen«, meinte ich zu Legrand, »diese Zeichnung stellt eher einen Totenkopf als einen Käfer dar! Das muß schon ein sehr merkwürdiges Insekt sein, wenn es wirklich so aussieht, wie Sie es gemalt haben. Nehmen Sie es mir nicht übel, lieber Freund, aber der geborene Künstler sind Sie nicht!«

»Also hören Sie«, fuhr Legrand gekränkt auf, und seine gute Stimmung war dahin. »Ich habe einen sehr guten Lehrer gehabt, und ich habe bisher immer gehört, daß ich ganz gut zeichnen kann!«

»Ja, aber wo sind denn zum Beispiel die Fühler?« fragte ich.

»Ja, sehen Sie sie denn nicht?« erwiderte

Legrand gereizt. »Ich habe Sie doch deutlich hingemalt!«

»Das kann ja sein«, lenkte ich ein, denn das Ganze wurde mir nun zu dumm. »Aber ich wüßte nicht, wo hier Fühler zu erkennen sein sollen.« Und damit gab ich ihm die Zeichnung zurück. Es waren wirklich keine Fühler darauf zu sehen.

Trotzig nahm Legrand das Blatt entgegen und wollte es gerade zerknüllen und ins Feuer werfen, als sein Blick daran haften blieb. Verwundert setzte er sich hin und betrachtete sein Werk genau. Er rückte eine Kerze nahe heran und war ganz mit sich beschäftigt.

Nach einer Weile verzog er sich mit der Kerze und der Zeichnung in einen hinteren Winkel der Hütte. Schließlich sah ich, daß er seine Brieftasche aus der Hosentasche zog, das Papier hin-

einlegte und beides in eine Schublade schloß. Gedankenversunken setzte er sich wieder an seinen Tisch, als Jupiter endlich mit dem Essen kam.

Nach dem Abendessen machte ich mich auf den Heimweg und dachte noch bei mir, daß dieser Legrand zwar ein liebenswürdiger, aber wahrlich komischer Kauz sei.

Es verging ein Monat. Ich hatte in der Zwischenzeit nichts mehr von Legrand gehört. Da klopfte eines Tages der Diener Jupiter an meine Haustür in Charleston.

Überrascht ließ ich ihn herein.

»Jupiter, das ist aber eine Überraschung!« begrüßte ich ihn. »Wie geht es Mr. Legrand?«

»Leider nicht sehr gut«, erklärte mir sein Diener mit trauriger Stimme.

»Ist er etwa krank?« fragte ich weiter.

»Ja«, sagte Jupiter. »Er klagt zwar nie. Aber ich glaube, er ist krank, sogar sehr krank.«

»Aber Jupiter!« rief ich erschrocken. »Was fehlt ihm denn?«

»Er sagt nicht viel«, erklärte Jupiter, »aber er ist so wunderlich. Er läuft immer mit hängendem Kopf durch die Gegend und ist weiß wie ein Laken. Neulich blieb er einen ganzen Tag lang weg, ohne daß ich wußte, wo er war. Ich habe mir große Sorgen um ihn gemacht. Er macht Dinge, die er früher nie getan hat. Zum Beispiel übt er ständig Rechnen mit lauter Zahlen auf einer Schiefertafel.«

Ich konnte mir keinen rechten Reim auf diesem Bericht machen.

»Das scheint ja eine ausgefallene Krankheit zu sein«, sagte ich. »Hast du eine Ahnung, was diese Krankheit hervorgerufen hat?«

»Ja«, antwortete Jupiter zu meinem Erstaunen, »der Goldkäfer! Der verdammte Käfer hat ihn gebissen! Als wir ihn fangen wollten, da hat ihn Master Legrand schon in der Hand gehabt, ließ ihn aber sofort wieder los. Da muß er ihn gebissen haben. Daraufhin habe ich schnell ein Stück Papier genommen, den Käfer gefangen und ihm etwas Papier zwischen die Kiefer geschoben, damit er mich nicht auch noch beißt!«

Beschwörend sah mich der alte Neger an. Ich wußte nicht, ob ich seine Geschichte so recht glauben sollte. »Und dieser Biß hat ihn krank gemacht?« fragte ich zweifelnd.

»Ja«, beharrte Jupiter. »Seitdem träumt er ständig von lauter Gold und redet im Schlaf davon, so daß ich nachts manchmal gar keine Ruhe finde.«

»Bist du deshalb gekommen, um mir das zu sagen?« fragte ich Jupiter, der meine Sorge spürte.

»Ja, Sir«, sagte Jupiter treuherzig. »Aber Master Legrand schickt Ihnen auch etwas. Hier!« und damit händigte er mir einen Brief aus.

Ich öffnete ihn und las die folgenden Zeilen:

»Mein lieber Freund! Seit wir uns das letzte Mal gesehen haben, hat mich eine große Unruhe ergriffen, und ich muß Ihnen unbedingt etwas erzählen. Oder ist es besser, wenn ich alles für mich behalte? Ich weiß es nicht.

Entschuldigen Sie meine Verwirrung. Ich habe mich in den letzten Tagen nicht ganz wohl gefühlt. Ich würde mich sehr freuen, wenn Sie mit Jupiter auf die Insel kommen könnten. Kommen Sie bitte!

Ich muß mit Ihnen eine sehr bedeutsame Sache besprechen. Es ist wirklich äußerst wichtig.

Stets, Ihr William Legrand«

Hastig hatte ich diesen wirren Brief gelesen.

Nachdenklich starrte ich auf das Papier. Was hatte er sich jetzt wieder in den Kopf gesetzt? Das beste würde wohl wirklich sein, Jupiter zu folgen und nach dem Rechten zu sehen.

Also machten wir uns zu zweit auf den Weg zu dem Ruderboot, mit dem Jupiter gekommen war. Als wir einstiegen, bemerkte ich, daß auf dem Boden des Bootes eine Sense und drei Spaten lagen.

»Wofür liegen die Werkzeuge hier?« fragte ich Jupiter.

»Master Legrand wollte unbedingt, daß ich sie in der Stadt kaufe«, antwortete er mir. »Sie haben eine Menge Geld gekostet! Eine Geldverschwendung ist das!« Mißbilligend schüttelte Jupiter den Kopf. »Und an all dem hat der Käfer schuld!«

Bald kam eine kleine Bucht in Sicht, in der

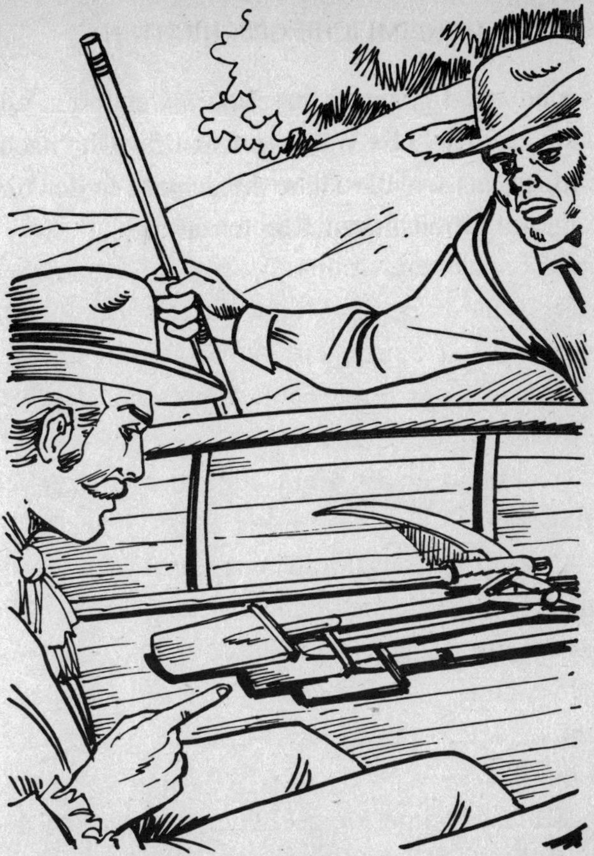

wir an Land gingen. Gemeinsam wanderten wir über die Insel. Es war ungefähr drei Uhr nachmittags, als wir die Hütte erreichten, in der uns Legrand bereitsungeduldig erwartete.

Der Goldkäfer

2. Teil – Goldfieber

Als Jupiter und ich die Hütte betraten, sprang Legrand von seinem Stuhl auf und kam mir mit offenen Armen entgegen. Ich bemerkte, daß er sehr blaß war. In seinen Augen lag ein unnatürlicher fiebriger Glanz.

»Na, Legrand«, fragte ich ihn freundlich. »Haben Sie den Käfer vom Förster inzwischen zurückerhalten?«

»Ja«, sagte er, und sein Gesicht leuchtete auf.

»Ich werde ihn nie wieder verleihen, das schwöre ich! Mit diesem Käfer habe ich endlich das große Los gezogen! Er wird mich wieder in den Besitz all der Reichtümer bringen, die ich verloren habe.«

Er bat Jupiter, den Käfer zu holen, um ihn mir zu zeigen. Aber der Diener weigerte sich standhaft und schien sich vor dem toten Tier zu fürchten. Daraufhin stand Legrand selbst auf und holte den Goldkäfer aus einem Glaskasten, in dem er ihn aufbewahrte.

»Oh, er ist wirklich sehr schön«, gab ich zu. »Seine Flügel sehen tatsächlich wie poliertes Gold aus, und schwer ist er!«

»Ja, das stimmt«, antwortete Legrand beflissen. »Es war mir noch gar nicht so aufgefallen.« Dann fügte er aufgeregt hinzu: »Mein Freund, ich habe Sie rufen lassen, weil ich glaube, daß

ich dem Wink dieses Käfers folgen muß. Ich wollte Sie um einen Rat bitten . . .«

»Aber Legrand«, unterbrach ich ihn. »Sie sehen nicht gerade bestens aus. Sie haben bestimmt Fieber, und Ihre Phantasie geht mit Ihnen durch!«

»Aber fühlen Sie doch meinen Puls«, forderte er mich trotzig auf und streckte mir seine Handgelenke hin. Ich ergriff sie, und Legrands Puls schien mir tatsächlich normal zu sein.

»Gut, vielleicht haben Sie kein Fieber«, räumte ich ein. »Aber Sie könnten trotzdem krank sein. Das beste ist, Sie legen sich ins Bett.«

»Nein, nein«, sträubte er sich. »Ich fühle mich pudelwohl. Es stimmt, ich bin vielleicht etwas aufgeregt. Aber das wird sich legen, wenn ich mein Vorhaben wahrgemacht habe. Und wenn

Sie wirklich mein Freund sind, dann werden Sie mich darin unterstützen.«

»Was soll ich denn tun?« fragte ich und war auf alles gefaßt.

»Sie sollen Jupiter und mich heute nacht auf eine Expedition begleiten. Ich brauche die Hilfe eines dritten, und Sie sind der einzige, der dafür in Frage kommt. Wir werden vor Sonnenaufgang wieder zurück sein.«

»Ich will Ihnen ja gern helfen«, sagte ich sanft. »Doch kann es sein, daß zwischen Ihrem Vorhaben und dem Goldkäfer ein Zusammenhang besteht?«

»Ja«, sagte Legrand unwirsch.

»Wenn das so ist«, meinte ich, »weiß ich, daß es Blödsinn ist. Da mache ich nicht mit!«

»Aber ich bitte Sie«, flehte Legrand. »Es ist von allergrößter Bedeutung. Ich verspreche

Ihnen, daß ich einen Arzt aufsuche, wenn Sie danach immer noch der Meinung sind, ich sei krank.«

Das war ein Angebot. Ich war mir zwar im klaren darüber, daß Legrand Unsinn redete. Doch wenn es nur diesen Weg gab, um ihn zur Vernunft zu bringen, dann wollte ich ihn vorerst zufriedenstellen.

Wir brachen gegen vier Uhr nachmittags auf. Legrand ging voran, gefolgt von Jupiter, der die Sense und die drei Spaten trug. Wolf, der große Hund, umtänzelte uns. Ich bildete das Schlußlicht und hatte einige Laternen in der Hand.

Legrand hatte den Goldkäfer an einer Schnur festgebunden. Während des Gehens schwenkte er den baumelnden Käfer wie ein Geisterbeschwörer vor- und rückwärts. Ich versuchte, mit ihm ins Gespräch zu kommen, doch er wich mir

aus und antworte immer wieder: »Warten Sie ab!«

Innerlich mußte ich über so viel Starrsinn den Kopf schütteln. Aber ich hatte mich nun einmal in die Situation gefügt, und es gab kein Zurück mehr. Blieb zu hoffen, daß Legrand nicht wirklich wahnsinnig wurde.

Mit dem Boot gelangten wir an die Küste des Festlandes und schlugen die Richtung nach Nordwest ein. Hier bot sich unseren Augen eine öde und stille Landschaft. Wir wanderten fast zwei Stunden lang. Die Sonne ging bereits unter, als wir ein mittelgroßes Tafelgebirge erreichten. Im Hintergrund sah ich einen hohen Gipfel mit mehreren Felsvorsprüngen, auf dem viele Bäume wuchsen. Diese Plattform war umgeben von tiefen Schluchten. Auf der Fläche wuchs ein undurchdringlich dichtes Brombeergestrüpp.

»Komm, Jup!« forderte Legrand seinen Diener auf. »Nimm die Sense und bahne uns einen Pfad durch die dornigen Ranken. Ich will zu diesem Tulpenbaum dort hinten!«

Tatsächlich stand mitten auf der Plattform ein majestätischer Tulpenbaum. Ringsherum befanden sich noch acht bis zehn Eichen, aber keine von ihnen war so schön wie der Tulpenbaum.

Langsam näherten wir uns dem Ziel. Als wir unter der riesengroßen Baumkrone standen, fragte Legrand: »Sag, Jupiter, meinst du, du kannst an diesem Baumstamm hochklettern?«

Jupiter war es gewohnt, Legrands Befehlen zu gehorchen. Deswegen kam er nicht auf den Gedanken, den Sinn dieser Übung in Frage zu stellen. Fachmännisch schritt er um den Baum herum und begutachtete mit einem abschätzenden Blick den sehr hohen und glatten Stamm.

»Wie hoch soll ich denn hinauf, Master?« fragte er.

»Klettere erst einmal hoch. Ich werde dir dann weitere Anweisungen geben. Und nimm den Käfer mit!« sagte Legrand und überreichte ihm den Goldkäfer.

»Muß das sein?« fragte der alte Neger und schüttelte sich förmlich. Als er jedoch den unnachgiebigen Blick seines Herrn bemerkte, nahm er den Käfer mit spitzen Fingern entgegen. Dann schwang er sich mit dem Faden zwischen den Zähnen am Stamm empor. Geschickt klammerte er sich mit seinen nackten Händen und Füßen an jede rauhe Stelle und jeden noch so kleinen Zweig, den er finden konnte. Bald hatte er den ersten großen Ast erreicht.

»Ich bin oben, Master!« rief er nach einer ganzen Weile endlich zu uns hinunter.

»Sehr gut, Jup!« lobte Legrand. »Klettere jetzt über den größten Ast in diese Richtung weiter.« Und er stellte sich unter den Tulpenbaum in einer bestimmten Position auf.

Jupiter kletterte einen großen Ast entlang immer höher und höher, bis wir ihn nicht mehr sehen konnten.

»Hallo!« rief er lustig aus dem dichten Laubwerk herab. »Ich kann schon den Himmel sehen!«

»Halt an!« wies ihn Legrand wieder in seine Schranken. »Schau jetzt nach unten. Wie viele Äste befinden sich unter dir?«

»Eins, zwei, drei, vier, fünf«, hörten wir Jupiter zählen.

»Fünf!« schrie er uns dann zu.

»Dann mußt du noch einen Ast höher klettern!« schrie Legrand zurück. »Er muß sich auf

dem siebten Ast befinden«, erklärte er zu mir gewandt etwas leiser. Ich nickte mitleidig.

»Ich bin angekommen!« tönte es von oben.

»Gut, Jup. Dann krabbele jetzt vorsichtig diesen Ast bis zu seiner Spitze vorwärts, und sage mir, wenn du etwas siehst!«

»Der Ast ist aber sehr morsch!« wandte Jupiter laut ein.

»Dann klettere, so weit es geht!« schrie Legrand zurück.

Ich hielt den Moment für gekommen, diesem gefährlichen Spiel ein Ende zu bereiten. »Legrand, mein Freund«, begann ich sachte. »Es wäre wirklich besser für Sie, wenn Sie sich ins Bett legen würden. Lassen Sie uns umkehren!«

»Nichts da!« sagte Legrand grob und beachtete mich nicht weiter. Vielmehr rief er Jupiter zu: »Wie weit bist du jetzt, Jup?«

»Ich kann nicht mehr weiter«, jammerte der arme Diener. »Der Ast ist zu morsch!«

»Jupiter, du Feigling!« rief Legrand zurück. »Ich schenke dir einen Silberdollar, wenn du dich bis zum Ende vorwagst!«

»Aber, Legrand!« wandte ich ein. »Das geht entschieden zu weit. Jupiter riskiert ja Kopf und Kragen!«

Legrand schien mich nicht mehr zu hören. Irgendein Wahnsinn schien ihn gepackt zu haben.

Derweil kletterte Jupiter oben dem Ende des Astes entgegen.

»Master!« gellte es plötzlich aus den Wipfeln. »Hilfe! Master!«

»Was ist, Jupiter?« schrie Legrand aufgeregt. »Siehst du etwas?«

»Ja, Master«, antwortete Jupiter wahrheitsge-

mäß. »Vor mir liegt ein blitzblanker Totenkopf auf dem Ast. Die Vögel haben schon das ganze Gesicht und die Augen weggepickt.«

»Wie ist der Totenkopf am Ast befestigt?« fragte Legrand zurück.

»Mit einem Nagel, Master. Jemand hat ihm einen Nagel durch den Schädel geschlagen«, schallte die Antwort herunter.

»So, so«, murmelte Legrand. Dann hob er seine Stimme wieder: »So, Jupiter, dann suche jetzt das linke Auge des Totenkopfes. Du weißt doch, wo links ist?«

»Ja, Master!« rief der alte Neger. »Ich hacke mit dem linken Arm immer Holz.«

»Stimmt genau!« bestätigte Legrand. »Jupiter ist Linkshänder«, fügte er für mich erklärend hinzu.

Dann tat sich eine ganze Weile gar nichts.

»Jupiter!« schrie Legrand. »Es wird bald dunkel. Hast du das linke Auge endlich?«

»Ja-a«, kam es zögernd von oben. »Was soll ich jetzt damit tun, Master?«

»Nimm den Käfer zur Hand«, gab Legrand seine Anweisungen, »und stecke ihn durch das linke Auge. Dann laß ihn langsam an dem Faden zu uns herunter. Aber laß ihn nicht los, bevor ich es dir sage, hörst du?«

Es dauerte nicht lange, da sahen wir, wie der Käfer baumelnd zwischen den Ästen hervorkam. Jupiter ließ ihn immer tiefer herab. Der Käfer glitzerte wie eine goldene Kugel in den Strahlen der untergehenden Sonne. Legrand machte den Platz unter dem Käfer mit der Sense frei.

»So!« rief er, als sich der Käfer eingependelt hatte. »Laß den Faden jetzt vorsichtig los, Jup!«

Mit einem kleinen Plumps landete der Gold-

käfer auf dem Boden. Legrand nahm einen Stock und hämmerte ihn genau an der Stelle, wo der Käfer hingefallen war, in die Erde. Jupiter kletterte inzwischen wieder vom Baum herunter.

Dann zog Legrand ein Maßband aus der Tasche und stellte einige Bemessungen an. Mit Jupiters Hilfe wurde ein Pfad nach Legrands Berechnungen durch die Brombeerranken gehauen. Am Ende des Pfades hämmerte Legrand einen zweiten Stock in den Boden. Um diesen Stock herum zog mein Freund einen Kreis. Dann reichte er Jupiter und mir je einen Spaten, nahm selber einen in die Hand und bat uns aufgeregt, innerhalb des Kreises die Erde abzutragen.

Ich konnte mir zwar ein schönere Aufgabe vorstellen, und angesichts der anbrechenden Nacht schien mir diese Betätigung wenig sinn-

voll. Doch Legrand zu Gefallen widersprach ich nicht.

Ich zündete eine Laterne an, und wie ich uns so mit den Spaten in der Hand und in dem Laternenlicht sah, mußte ich daran denken, daß Legrand wahrscheinlich irgendeine Schauergeschichte aus dem Süden über vergrabenes Gold gehört hatte und nun hoffte, seine Familienehre auf diese Weise zu retten.

Es wurde wenig gesprochen. Zwei geschlagene Stunden hatten wir ohne Unterbrechung gegraben. Der Hund fand unser Unternehmen sehr aufregend und bellte ohne Unterlaß, bis ihm Jupiter mit einem Hosenträger entnervt die Schnauze zuband.

Wir hatten bereits ein ziemlich tiefes Loch gegraben, aber ein Schatz war weit und breit nicht in Sicht. Schließlich war aus dem Kreis,

den Legrand auf dem Boden beschrieben hatte, eine einzige Grube geworden.

»Nichts! Nichts! Nichts!« schüttelte Legrand fassungslos den Kopf. »Nirgendwo Gold!«

Ratlos wies er Jupiter an, das Werkzeug einzusammeln. Bekümmert wollte er den Heimweg antreten. Doch wir waren noch keine zehn Schritte gegangen, als er plötzlich wie von der Tarantel gestochen auf Jupiter zusprang.

»Ha!« rief er aus. »Jetzt habe ich's! Welches ist dein linkes Auge, du Lump! Zeig es mir, jetzt und sofort!«

Jupiter war erschrocken zusammengefahren und blickte ihn entgeistert an, während er langsam seine Hand hob und sie auf sein rechtes Auge legte.

»Ich wußte es! Ich wußte es!« heulte Legrand wie ein Tor. »Jupiter, beantworte mir eine Frage:

Wenn dein Kopf jetzt der Totenschädel da oben wäre« – und Legrand deutete auf den Tulpenbaum – »wie herum war er an dem Ast angebracht? Mache es mir vor!«

Jupiter lenkte seinen Kopf in eine bestimmte Richtung. Während Legrand fieberhaft neue Bemessungen anstellte, ärgerte ich mich, daß wir die Sache anscheinend immer noch nicht ausgestanden hatten.

Inzwischen hatte Legrand den ersten Stock, den er in die Erde gehauen hatte, um eine Stirnbreit nach Westen versetzt. Er rollte wieder sein Maßband ab und wiederholte die gleiche Prozedur von vorhin.

Um den neuen Punkt, den er auf diese Weise ermittelte, schnitt er mit der Sense erneut einen Kreis in die Brombeeren. Die Stelle lag einige Ellen von dem alten Kreisrand entfernt.

Langsam regte sich in mir ein gewisses Interesse für Legrands Arbeit. Immerhin ließ sie ein bestimmtes System erkennen.

Wir gruben anderthalb Stunden lang. Jupiter versuchte, Wolf zu fangen, um ihm wieder die Schnauze zuzubinden. Der Hund entwischte ihm aber, sprang in die neue Grube und fing aus Protest wie wild an zu scharren. Binnen weniger Minuten hatte er einen Haufen menschlicher Knochen freigelegt. Bald darauf kam ein großes Messer zutage. Überrascht gruben wir weiter und beförderten insgesamt vier Goldmünzen an die Oberfläche. Jupiter brach in einen Begeisterungsjubel aus, aber auf Legrands Gesicht las ich eine große Enttäuschung.

Ich wollte gerade auf ihn zugehen, als ich über einen Eisenring stolperte, der noch halb zugeschüttet war und aus der Erde hervorragte.

Der Goldkäfer

3. Teil – Endlich reich!

Mit Feuereifer machten wir uns wieder ans Werk und hatten binnen einer Viertelstunde eine längliche Truhe ausgegraben. Am Deckel der Truhe waren links und rechts je drei Eisenringe angebracht, damit man sie besser tragen konnte. Sie war allerdings so schwer, daß wir sie keinen Millimeter bewegen konnten.

»Wir müssen sie aufmachen!« sagte Legrand und tastete den Deckel im Laternenschein ab.

Endlich fand er zwei Riegel und schob sie zurück. Langsam öffnete er die Truhe, während uns die Aufregung fast die Kehle zuschnürte.

Als der Deckel aufklappte, sahen wir vor uns einen Schatz von unerhörtem Wert liegen. Im Licht der Laterne funkelten und glitzerten uns Berge von Gold und Edelsteinen entgegen.

Ich war so erstaunt und überwältigt wie noch nie.

Jupiter stand wie vom Donner gerührt da und rang nach Worten: »So viel Gold, Master! So viel Gold! Und das alles hat uns das Goldkäferchen gebracht. Das süße, kleine Käferchen!« Und mit einem glückseligen Seufzer sank der alte Diener in die Knie und tauchte seine Arme bis zu den Ellenbogen in die Reichtümer.

»Wir müssen den Schatz fortschaffen«, sagte Legrand rasch. »Aber es ist viel zuviel und zu

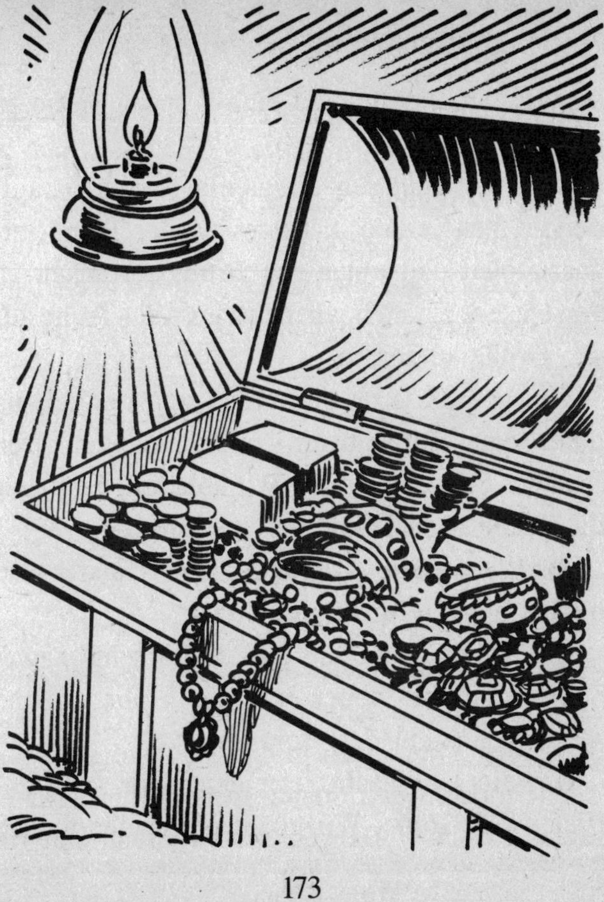

schwer, um es alles auf einmal nach Hause zu tragen.«

Kurz entschlossen einigten wir uns darauf, den größten Teil des Schatzes aus der Truhe herauszuholen und unter den Brombeerranken zu verstecken. Endlich gelang es uns, die Truhe aus der Grube zu zerren.

Wir beschlossen, den Hund zur Bewachung unter dem Tulpenbaum zurückzulassen. Den Rest des Schatzes wollten wir abholen, wenn wir die Truhe nach Hause geschafft hatten.

»Wolf!« befahl Legrand dem Hund. »Du bleibst hier und paßt auf! Sitz!«

Der Hund gehorchte und bellte schwanzwedelnd. Zu dritt hoben wir die Truhe an und machten uns auf den Heimweg.

Um ein Uhr nachts erreichten wir schweißtriefend die Hütte. Wir gönnten uns eine Stunde

Pause. Dann suchten wir drei große Leinensäcke zusammen und wanderten wieder zum Tafelgebirge.

Kurz vor vier Uhr früh kamen wir an. Wolf begrüßte uns ausgelassen. Wir rafften den restlichen Schatz in die Säcke, warfen sie uns über die Schultern und kehrten heim.

Als wir bei Legrands Häuschen eintrafen, ging die Sonne allmählich auf. Müde und aufgewühlt legten wir uns eine kurze Weile zur Ruhe.

Aber nach wenigen Stunden stand Legrand wieder auf, um sich den Schatz anzusehen. Jupiter und ich taten es ihm gleich. Wir verbrachten einen ganzen Tag und eine ganze Nacht damit, den Schatz zu untersuchen.

Wir stapelten wertvolle Goldmünzen aus aller Herren Länder und längst vergangenen Zeiten um uns auf. Legrand nahm ein Heft und die

Schreibfeder zur Hand und begann, alle Gegenstände in eine Liste einzutragen.

Wir zählten zunächst die Juwelen: einhundertundzehn Diamanten, achtzehn glänzende Rubine, einundzwanzig wunderschöne Saphire und ein Opal.

Dann kam der Schmuck an die Reihe: Alles war aus massivem Gold. Rund zweihundert Finger- und Ohrringe lagen vor uns, einhundertsechsundneunzig goldene Uhren, dreiundachtzig wertvolle Kruzifixe, fünf Weihrauchgefäße aus Gold, zwei fein verzierte Schwertgriffe und ein goldener Weinkelch, auf dem verschiedene Figuren und Weinreben zu sehen waren.

Der ganze Schatz wog ungefähr dreihundertundfünfzig Pfund.

»Ich schätze den Wert des Schatzes auf anderthalb Millionen Dollar«, sagte Legrand.

Viel später, als der Schatz verkauft wurde, sollte sich jedoch herausstellen, daß Legrand damit immer noch zu niedrig geschätzt hatte.

»Legrand, ich platze fast vor Neugier«, sagte ich zu meinem Freund. »Wie haben Sie den Schatz gefunden? Ich will jede Einzelheit hören. Das ganze ist mir ein Rätsel.«

Legrand machte es sich in dem Lehnstuhl bequem. »Alles begann an dem Tag, an dem ich den Goldkäfer gefunden habe«, schmunzelte er. »Wissen Sie noch, wie ich Ihnen den Käfer aufzeichnete und Sie behaupteten, meine Abbildung gliche einem Totenkopf? Ich gebe zu, daß mich Ihre Bemerkung gekränkt hat.«

»Es tut mir leid«, versetzte ich reumütig.

»Vergessen Sie es«, sagte Legrand besänftigend. »In meinem Ärger wollte ich die Zeichnung ins Feuer werfen. In letzter Minute sah ich

allerdings, daß auf dem schmutzigen Blatt, auf dem ich den Käfer gemalt hatte, wirklich und wahrhaftig ein Totenkopf zu sehen war. Als ich die Zeichnung näher untersuchte, merkte ich, daß der Käfer nicht verschwunden oder verwandelt worden war, sondern sich schlicht und ergreifend auf der Rückseite des Blattes befand, und zwar zufällig genau auf der gleichen Stelle, auf der auf der anderen Seite der Totenkopf erschienen war.

Ich war mir völlig sicher, daß die Rückseite leer gewesen war, als ich den Käfer malte. Ich erinnere mich, daß ich den Fetzen zuvor auf beiden Seiten gründlich untersucht hatte, um die sauberste Stelle darauf zu finden. Ich verstand nichts mehr.

Bei näherer Betrachtung stellte ich fest, daß ich nicht auf ein Blatt Papier, sondern auf ein

Stück echtes Pergament gezeichnet hatte. Ich versuchte mich zu erinnern, wie der schmutzige Lappen in meine Westentasche gekommen war.

Dann fiel es mir ein: Als ich den Goldkäfer fing, biß er mich in den Finger. Daraufhin versuchte Jupiter, ihn für mich zu fangen. Als er ihn fast hatte, sah er sich blitzschnell nach einem Blatt oder etwas Ähnlichem um, damit der Käfer ihn nicht auch noch biß. Da sahen wir aus dem Sand eben diese Ecke Pergament hervorluken. Wir rissen das Pergament aus dem Sand, und Jupiter wickelte den Käfer darin ein. In der Nähe, in der das Stück Pergament gelegen hatte, sahen wir ein altes Schiffswrack. Es schien schon ewig dort gelegen zu haben.

Als wir auf unserem Heimweg dem Förster begegneten, schüttelte ich den Käfer aus seiner Hülle und gab dem Förster das Tier zur Begut-

achtung. Das Pergamentstück steckte ich in meine Westentasche.«

»Ja, aber weiter?« drängte ich und hing an seinen Lippen. »Was war weiter?«

»Als ich mir alles genau durch den Kopf gehen ließ, kombinierte ich kurz: Ein Fetzen Pergament, das im Sand vergraben liegt. Ein altes Schiffswrack, das vor langer Zeit am Strand angelegt haben mußte. Auf dem Pergament war ein Totenkopf zu sehen. Es mußte sich um ein Piratenschiff handeln! Sie wissen doch, daß die Piraten einen Totenkopf als Symbol auf ihren Fahnen abbildeten und daß Pergament ein beinahe unverwüstliches Material ist?« fragte Legrand.

»Ja, ja«, antwortete ich, »aber Sie sagten doch, gerade eben noch, der Totenschädel sei auf der Rückseite nicht zu sehen gewesen, als Sie anfingen zu zeichnen. Wie kann das angehen?«

»Das macht ja gerade das Geheimnis aus«, lächelte Legrand. »Ich ging in Gedanken noch einmal die Reihenfolge der Ereignisse durch. Ich hatte Ihnen von meinem Tisch aus die Zeichnung gereicht. Sie saßen am Kamin, in dem ein Feuer flackerte. Als Sie das Pergament in Empfang genommen hatten, stürzte Wolf zur Tür herein und begrüßte Sie stürmisch. Ich sah, daß Sie das Pergament von Ihrem Körper abhielten, damit der Hund es Ihnen nicht entreißen konnte. Und Sie hielten die Hand zum Feuer hin, um die Zeichnung zu schützen! Ich wollte Sie gerade darauf aufmerksam machen, daß das Blatt anbrennen könnte, da zogen Sie die Hand wieder zurück und sagten beim Betrachten der Zeichnung, ich hätte einen Totenkopf gemalt.«

Betreten sah ich Legrand an. Es tat mir immer noch leid, daß ich ihn damit verletzt hatte.

»Ich wußte aber«, fuhr mein Freund fort, »daß kein Totenkopf darauf zu erkennen gewesen war, als ich das Pergament noch in den Händen hielt. Da kam mir die Idee, daß der Totenkopf vielleicht auf Grund der Hitze, in die Sie den Fetzen gehalten hatten, sichtbar geworden war.

Ich habe gelesen, daß es durch die Jahrhunderte hinweg verschiedene Geheimtinten gegeben hat, mit denen man unsichtbar schreiben kann. Die Schrift wird erst durch einen Trick lesbar. Ich vermutete, daß es in diesem Fall die Wärme war. Da man das teurere Pergament üblicherweise nur für Dokumente verwendete, auf denen Bedeutendes stand, kam mir der Gedanke, jemand hätte mit unsichtbarer Tinte darauf geschrieben, gar nicht so abwegig vor. Ich nahm also die Zeichnung und probierte im hinteren Winkel der Hütte mit einer Kerze aus, ob ich mit meiner Idee recht hatte.

Tatsächlich wurde sehr schnell eine weitere Figur auf dem Blatt sichtbar, und zwar in der dem Totenkopf schräg gegenüberliegenden Ecke. Ich sah genauer hin und erkannte, daß sie ein Zicklein darstellte.«

»Haha!« lachte ich. »Ein Zicklein! Was soll denn eine junge Ziege mit Piraten zu tun gehabt haben?«

»Ja, Sie lachen!« lachte Legrand mit. »Und doch verhält es sich genau so! Sie haben doch bestimmt schon die vielen Geschichten über Kapitän Kidd gehört, die man sich in unserer Gegend erzählt? Es heißt, er habe einen großen Schatz im Laufe der vielen Jahre zu See angehäuft.«

»Ich kenne die Piratengeschichte des Kapitän Kidd«, antwortete ich, denn sie war in unserer Gegend weitverbreitet. »Doch was hat das mit einer Ziege zu tun?«

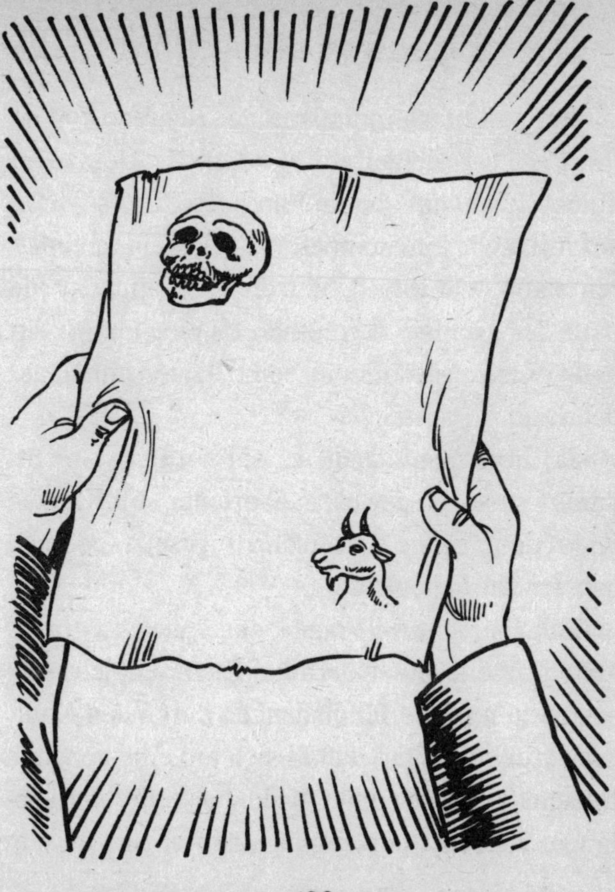

»Ganz einfach«, antwortete Legrand. »Das Wort ›Kid‹ bedeutet auf englisch Zicklein. Der Totenschädel am oberen Rand des Blattes wirkte auf mich wie ein Stempel, das Zicklein am unteren Rand wie eine Unterschrift. Kapitän Kidd hatte das Zicklein vermutlich als eine lustige Art und Weise erdacht, um seine Unterschrift auf das Blatt zu setzen.«

»Ja, aber Sie sagten, es sei sonst gar nichts darauf zu sehen gewesen. Worunter soll Kapitän Kidd denn seine Unterschrift gesetzt haben?« gab ich zu bedenken.

»Eine berechtigte Frage«, entgegnete Legrand. »Ich grübelte auch darüber nach. Gleichzeitig schossen mir allerlei Gedanken durch den Kopf, die dafür sprachen, daß es sich um eine geheime Botschaft von Kapitän Kidd handelte. Ich gelangte zu der Überzeugung, daß er auf diesem

Pergament niedergeschrieben hatte, wo er seine reiche Beute versteckt hielt. Sehr wahrscheinlich wollte er sie sich später, in einem unbeobachteten Moment, wiederholen. Doch aus den Geschichten wußte ich, daß es nie dazu gekommen ist.

Ich legte mir zusammen, daß es dafür einen Grund geben mußte, zum Beispiel den, daß Kapitän Kidd seine Aufzeichnungen verloren hatte, auf denen er die Lage des Schatzes beschrieben hatte!

Ist Ihnen schon einmal aufgefallen, daß die Leute immer wieder von Schatzsuchern erzählt haben, aber niemals davon, daß Kapitän Kidds Schatz wirklich gefunden worden ist?«

»Ja«, stimmte ich ihm bei.

»Eben«, sagte Legrand. »Und da es sich um einen sehr großen Schatz handeln sollte, schien

es mir unwahrscheinlich, daß ihn jemand gefunden hatte, ohne daß man davon wußte. Ich schloß daraus, daß er noch irgendwo vergraben war.

Und das Schicksal hatte es gewollt – so sagte ich mir –, daß ich derjenige war, der Kapitän Kidds Aufzeichnungen in der Hand hielt!

Endlich würde ich auf diese Weise meine verlorenen Reichtümer zurückgewinnen. Aber zunächst mußte ich das Schriftstück lesbar machen!«

Der Goldkäfer

4. Teil – Des Rätsels Lösung

»Was beschlossen Sie zu tun?« fragte ich atemlos.

»Zunächst hielt ich das Pergament noch einmal über die Kerze«, erzählte Legrand. »Aber es veränderte sich nicht. Deswegen machte ich etwas Wasser warm und wischte damit über das schmutzige Blatt. Dann legte ich es in eine Eisenpfanne. Ich holte mit Hilfe einer Zange brennende Holzkohle aus dem Feuer und legte

sie in eine Zinnschüssel. Daraufhin stellte ich die Pfanne auf die glühende Kohle, und zu meiner großen Freude erschienen wenig später die ersten unklaren Zeichen zwischen dem Totenkopf und dem Zicklein.«

»Sie hatten also mit Ihren Annahmen recht gehabt!« rief ich bewundernd.

»Ja«, sagte Legrand glücklich. »Ich wartete, bis alle Zeichen deutlich zu erkennen waren, was ungefähr eine Minute dauerte. Dann nahm ich die Pfanne von der Kohle. Auf dem Pergament konnte ich mehrere rätselhafte Zahlen und Zeichen erkennen. Warten Sie, ich zeige es Ihnen!«

Damit stand Legrand auf, ging zu seinem Schreibtisch und holte das Blatt Pergament heraus.

Er strich es glatt, und nun sah ich, daß zwi-

schen dem Totenkopf und der kleinen Ziege mit roter Farbe folgende Zeichen zu lesen waren:

53≠≠+305))6∗;4826)4≠.)4≠);806∗48+
8II60))85,Ü8∗:≠∗−8+83(88)5∗+;46(;88∗
96∗;8)∗≠(;485);5∗+2:-(;4956∗2(5∗-4)
8II8∗;4069285);)6+8)4≠≠;1(≠9;48081;
8:8≠;48+85;4)485+528806∗81(≠9;48;(88;4
(≠?34;48)4≠;161;:188;≠?;

»Ei der Daus!« entfuhr es mir. »Was soll das um Himmels willen bedeuten?«

»Das fragte ich mich natürlich auch«, sagte Legrand.

»Gott sei Dank löse ich schon seit vielen Jahren aus Spaß jede Art von Rätseln und hatte etwas Übung darin. Übrigens habe ich schon sehr viel schwierigere als dieses hier gelöst.

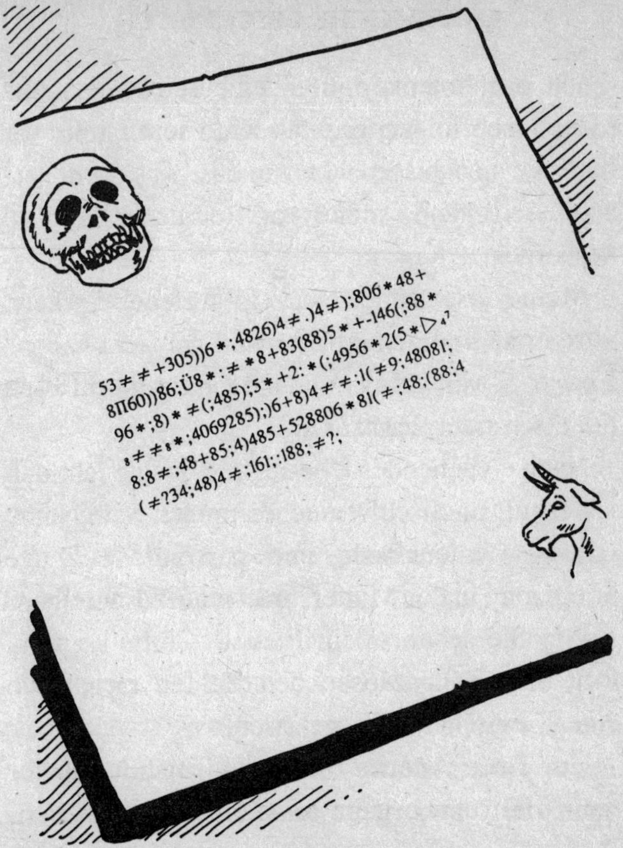
53≠≠+305))6*;4826)4≠.)4≠);806*48+
8Π60))86;Ü8*:≠*8+83(88)5*+-146(;88*
96*;8)*≠(;485);5*+2:*(;4956*2(5*▷47
8≠≠8*;4069285);)6+8)4≠≠;1(≠9;48081;
8:8≠;48+85;4)485+528806*81(≠;48;(88;4
(≠?34;48)4≠;161;:188;≠?;

Ich dachte mir, daß es eine selbsterfundene Geheimschrift von Kapitän Kidd sein mußte. Er hatte sie sich ausgedacht, um das, was darin verschlüsselt stand, sicher vor fremden Augen zu verbergen.

Meine erste Frage war: In welcher Sprache wird er sich seine Notizen wohl gemacht haben? Er war ja weit gereist und sprach bestimmt auch Spanisch oder Französisch.

Nach eingehender Überlegung dachte ich, daß ich es mit Englisch versuchen mußte. Sein Name ›Kidd‹ war englisch, und persönliche Dinge pflegt man in der Muttersprache aufzuschreiben.

Wie Sie sehen, mein Freund«, fuhr Legrand fort, »hat er zwischen den Zahlen nirgendwo einen Zwischenraum gelassen.

Um einen Anfang zu machen, nahm ich mir mein Heft und begann, eine Liste aufzustellen.

Ich schrieb erst mal genau auf, wie oft welche Zeichen vorkamen. Schauen Sie, diese Tabelle kam dabei heraus!«

Freimütig schlug Legrand die erste Seite des Heftes auf und zeigte mir folgende Tabelle:

Das Zeichen	8	kommt	33mal vor
	;	kommt	26mal vor
	4	kommt	19mal vor
	≠)	kommt	16mal vor
Das Zeichen	*	kommt	13mal vor
	5	kommt	12mal vor
	6	kommt	11mal vor
	+ 1	kommt	8mal vor
	0	kommt	6mal vor
	9 2	kommt	5mal vor
	: 3	kommt	4mal vor
	?	kommt	3mal vor
	II	kommt	2mal vor
	Ü –	kommt	1mal vor

8 kommt 33mal vor
; kommt 26mal vor
4 kommt 19mal vor
≠) kommt 16mal vor
* kommt 13mal vor
5 kommt 12mal vor
6 kommt 11mal vor
+ 1 kommt 8mal vor
0 kommt 6mal vor
9 2 kommt 5mal vor
: 3 kommt 4mal vor
? kommt 3mal vor
II kommt 2mal vor
Ü – kommt 1mal vor

Hier machte es sich mehr als bezahlt, daß Legrand nicht nur Spaß an solchen Rätselaufgaben hatte, sondern darüber hinaus ein sehr belesener Mann war!

»Im Englischen«, setzte er mit erhobenem Zeigefinger wieder an, »kommt der Buchstabe e am häufigsten vor. Dann folgen, in der Reihenfolge ihrer Häufigkeit, folgende Buchstaben: a o i d h n r s t u y c f g l m w b k p q x z.«

»Aha«, sagte ich andächtig. »Nehmen wir wieder unsere Tabelle zur Hand«, erklärte Legrand, »dann ist klar, daß das häufigste Zeichen, nämlich die 8, ein e bedeuten muß.

Von allen Wörtern, wird in der englischen Sprache das Wort ›the‹ am häufigsten benutzt. Daher sah ich nach, ob sich in Kapitän Kidds Rätsel drei Zeichen in der gleichen Anordnung öfter wiederholen. Und ich fand heraus, daß die

Zeichengruppe ;48 siebenmal im Text vorkommt. Also mußte das Semikolon ein t bedeuten, die 4 ein h und die 8 – wie gesagt – ein e.

Durch Herumprobieren fand ich den nächsten Buchstaben, der einen Sinn machte, und zwar das r. Das Zeichen hierfür war (.

Ich knobelte so lange mit den Zeichen herum, bis ich folgende Tabelle zusammenstellen konnte.«

Legrand stand auf und legte mir eine neue Heftseite vor. Fein säuberlich hatte er darauf folgendes vermerkt:

5	bedeutet	a
+	bedeutet	d
8	bedeutet	e
3	bedeutet	g
4	bedeutet	h

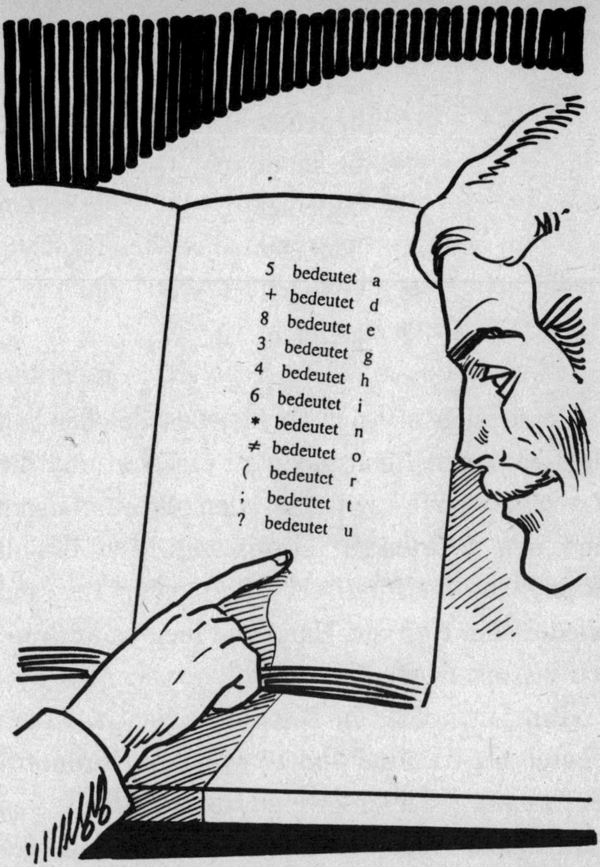
5 bedeutet a
+ bedeutet d
8 bedeutet e
3 bedeutet g
4 bedeutet h
6 bedeutet i
* bedeutet n
≠ bedeutet o
(bedeutet r
; bedeutet t
? bedeutet u

6	bedeutet	i
*	bedeutet	n
≠	bedeutet	o
(	bedeutet	r
;	bedeutet	t
?	bedeutet	u

»Jetzt blieb mir nur noch, jedes Zeichen mit dem richtigen Buchstaben zu ersetzen und die Zwischenräume zwischen den Wortanfängen und den Wortenden einzusetzen. Ich erhielt einen Satz auf Englisch.« Hier nahm Legrand wieder sein Heft zur Hand und hielt es mir hin. Ich las mit lauter Stimme:

»Ein gutes Glas in Bischofs Hostel auf dem Teufelssitz 21 Grad und 13 Minuten Nordnordost Hauptast siebter Zweig Ostseite schieße von dem linken Auge des Totenkopfes aus eine ge-

rade Linie vom Baum durch den Schuß 50 Fuß weit.«

Verwirrt blickte ich Legrand an. »Was ist das für ein Kauderwelsch?« fragte ich ihn enttäuscht.

»Ruhig Blut!« sagte er. »Ich gebe zu, ich wurde zunächst auch nicht schlau daraus. Aber ich fand, daß sich das nach einer, wenn auch etwas undurchsichtigen, Lagebeschreibung anhörte. Das spornte mich an, weiter zu forschen. Es mußte einfach der Plan sein, der zu Kapitän Kidds Schatz führte.

Also versuchte ich, geeignete Stellen für ein Satz- oder Pausenzeichen zu finden.

Ich betrachtete das Pergament genau. Mir fiel auf, daß sich die Zeichen an insgesamt fünf Stellen besonders dicht zusammendrängten. Es konnte Zufall, aber auch Absicht des Schreibers gewesen sein.

Ich ließ keine Möglichkeit ungenutzt, setzte die Pausenzeichen in den Text ein und fand, daß er dadurch an Verständlichkeit gewann:

Ein gutes Glas in Bischofs Hostel auf dem Teufelssitz – 21 Grad und 13 Minuten Nordnordost – Hauptast siebter Zweig Ostseite – Schieße von dem linken Auge des Totenkopfes aus – Eine gerade Linie vom Baum durch den Schuß 50 Fuß weit.«

»Ehrlich gesagt«, meinte ich kleinlaut, »verstehe ich es immer noch nicht.«

»Ich hatte auch meine liebe Mühe!« beruhigte mich Legrand.

»Zunächst erkundigte ich mich in der näheren und weiteren Umgebung der Sullivaninsel nach einer Herberge mit dem Namen ›Bischofs Hostel‹. Das Wort ›Hostel‹ ist nämlich die alte englische Bezeichnung für ›Hotel‹.

Aber ich wurde nicht fündig.

Dann kam mir eine andere Idee. Ich hatte irgendwann einmal von einer alten Familie gehört, die Bessop hieß und der ein großes altes Herrenhaus gehört hatte. Vielleicht war der Ausdruck ›Bischofs Hostel‹ einfach nur ein Name für das Herrschaftshaus.

Ich erinnerte mich, daß der alte Familienbesitz etwa vier Meilen nördlich der Sullivaninsel lag. Also wanderte ich dorthin. Das Grundstück war längst verkauft worden. Ich begann, einige der alten Neger, die dort arbeiteten, zu befragen.

Endlich stieß ich auf eine der ältesten Frauen vom Ort. Sie sagte, daß es eine ›Bessops-Burg‹ gäbe. Es handele sich jedoch um keine Burg – wie der Name vermuten ließ – und auch um keine Herberge, sondern um ein kleines Tafel-

gebirge. Ich versprach ihr etwas Geld, damit sie mich dort hinführte, und sie war einverstanden. Wir gingen nicht besonders weit. Die alte Negerin zeigte mir die Felsengruppe, die man ›Bessops-Burg‹ nannte, und ging wieder ihrer Wege.

Ich betrachtete die Felsen eingehend. Dabei sprang mir eine Felsspitze besonders ins Auge. Sie war schmal und hoch und lag etwas abseits von den anderen Felsblöcken.

Da ich nicht wußte, was ich sonst machen sollte, entschloß ich mich hinaufzusteigen.

Ich kletterte bis auf den Gipfel des Felsens. Ratlos blickte ich um mich. Ich befand mich auf dem höchsten Punkt des Tafelgebirges. Doch was sollte ich nun tun? Ich ließ meinen Blick schweifen und entdeckte plötzlich einen kleinen Felsenvorsprung unter mir. Er befand sich an

der Ostseite des Felsblockes, auf dem ich stand.«

»Der ›Teufelssitz‹!« unterbrach ich Legrand.

»Genauso war es«, pflichtete mir mein Freund bei.

»Ich hatte den ›Teufelssitz‹ gefunden! Ich las noch einmal den ersten Satz des geheimen Textes. Da stand: ›Ein gutes Glas in Bischofs Hostel auf dem Teufelssitz‹.

Ich überlegte: ›Ein gutes Glas‹ – das konnte unter Seeleuten nur ein Fernglas bedeuten. Aufgeregt rannte ich nach Hause, steckte ein Fernrohr ein und lief wieder zum ›Bischofs Hostel‹ zurück.

Als ich den Gipfel erreicht hatte, kletterte ich auf den Vorsprung hinab. Auf dem ›Teufelssitz‹ konnte man nur in einer gewissen Haltung sitzen. Ich machte es mir bequem, nahm einen

Kompaß zur Hand und setzte das Fernrohr an mein Auge.

Mir war klar, daß die Angaben ›21 Grad und 13 Minuten Nordnordost‹ eine gewisse Höhe über dem Horizont bezeichneten, der vom ›Teufelssitz‹ aus sichtbar war.

Mit Hilfe des Kompasses stellte ich schnell fest, wo Nordnordost war. Dann versuchte ich den Punkt zu finden, der 21 Grad über dem Horizont lag.

Ich suchte die Stelle Millimeter für Millimeter durch das Fernrohr ab, bis mir ein Loch in einer Baumkrone in die Augen sprang.«

»Der Tulpenbaum!« rief ich aufgeregt.

»Ja, so war es!« Legrand lehnte sich zurück und sah mich freudig an. »In dem Loch sah ich etwas Weißes blitzen und schaute genauer hin. Da erkannte ich, daß es ein Totenschädel war.

Ich nahm den rätselhaften Spruch wieder vor. Der nächste Satz war: ›Hauptast siebter Zweig.‹ Damit mußte der Tulpenbaum gemeint sein.

Dann stand da: ›Schieße von dem linken Auge des Totenkopfes aus.‹ Den Totenkopf hatte ich bereits ausgemacht. Statt mit einer Pistole zu schießen oder mit einer Flinte, hätte es genügt, irgendeinen beliebigen Gegenstand durch das Auge fallen zu lassen. Das bedurfte also keiner weiteren Vorbereitung oder Überlegung.

Durch den Punkt, auf den die Kugel fallen würde, sollte man eine 50 Fuß lange Linie vom Baumstamm her ziehen. Und dort, wo diese Linie endete, mußte der Schatz liegen!«

»Was haben Sie als erstes getan, nachdem Sie vom Tafelgebirge wieder hinabgestiegen waren?« fragte ich neugierig.

»Ich hatte mir die Lage des Tulpenbaumes

genau eingeprägt, bevor ich vom ›Teufelssitz‹ herunterkletterte«, berichtete Legrand. »Als ich das Tafelgebirge verließ, bemerkte ich, daß die offene Stelle in der Baumkrone, wo der Totenkopf versteckt war, nur vom ›Teufelssitz‹ aus zu erkennen gewesen war. Kaum hatte ich den Felsenvorsprung verlassen, sah man nicht mehr das Geringste davon.

Am folgenden Tag stand ich sehr früh auf. Jup schlief noch, als ich die Hütte verließ. Er hat Ihnen bestimmt erzählt, daß er sich seit dem Fund des Goldkäfers große Sorgen um meine Gesundheit machte.«

»Das stimmt«, bestätigte ich.

»Nun, ich ging, ohne von ihm aufgehalten worden zu sein, in aller Herrgottsfrühe zum Tafelgebirge. Ich wollte den Tulpenbaum suchen. Ich fand ihn nach längerem Suchen,

denn das Gelände ist, wie Sie wissen, sehr zugewachsen und unwegsam. Ich kehrte erst abends wieder heim. Jup war ganz krank vor Sorge.«

»Ja, er machte sich ernsthaft Gedanken darüber, was mit Ihnen los war«, entgegnete ich. »Und ich muß zugeben, daß auch ich Ihr Verhalten für äußerst sonderbar hielt.

Als Sie auf unserer Expedition den Käfer so merkwürdig hin und her schwenkten, dachte ich wirklich, Sie seien von allen guten Geistern verlassen.

Als wir dann gar die erste Grube schaufeln sollten, war ich sicher, daß Sie verrückt geworden waren. Und unser anfänglicher Mißerfolg bestätigte es aus meiner Sicht!«

»Der Fehlschlag kam nur deswegen zustande«, verteidigte sich Legrand, »weil Jup rechts und links nicht unterscheiden kann und den

Käfer durch das rechte statt durch das linke Auge fallen ließ, wie ich es ihm gesagt hatte!«

»Ich weiß, ich weiß«, beschwichtigte ich meinen Freund. »Doch sagen Sie, wie kam Ihnen die Idee, Jup ausgerechnet den Käfer durch das Auge fallen zu lassen? Ihm war das Tierchen ja nicht gerade geheuer!«

Wir lachten beide, als wir daran denken mußten, wie widerwillig der abergläubische Jupiter das tote Insekt am Faden zwischen die Zähne genommen hatte, als er auf den Baum klettern sollte.

»Ich gebe zu«, ging Legrand auf meine Frage ein, »daß ich mich darüber ärgerte, daß Sie an meinem Verstand zweifelten. Dafür wollte ich Sie mit diesem kleinen Verwirrspiel bestrafen!

Die Idee mit dem Käfer kam mir, weil Sie

sich so über sein Gewicht gewundert hatten, als Sie ihn das erste Mal sahen.

Im übrigen«, fügte Legrand nach einer Pause hinzu, »muß man doch zugeben, daß wir Zeugen einer höchst ausgefallenen Geschichte geworden sind. Allein einen Schädel an einen Ast zu nageln, um einen bestimmten Punkt später einmal wiederzufinden, ist doch schon eine Schrulle!«

»Vermutlich kam Kapitän Kidd der Einfall auf Grund der Piratenflagge, die sein Schiff schmückte«, überlegte ich.

»Aber wie erklären Sie sich die menschlichen Gerippe, die wir über der Schatztruhe ausgruben?«

»Ich fürchte«, sprach mein Freund, »daß diese Opfer unschuldig ihr Leben lassen mußten. Kapitän Kidd brauchte bestimmt Hilfe, um seine

Reichtümer an Land und unter den Tulpenbaum zu schleppen.

Er wird sich ein paar Helfer angeheuert haben. Und als die Arbeit getan war, wollte er alle, die sein Geheimnis kannten, umbringen. Er wird sie mit ein oder zwei Spatenhieben erschlagen haben, während sie noch in der Grube beschäftigt waren. Vielleicht hat er auch einen Kampf mit ihnen gehabt, bevor er seinen Sieg davontrug – wer weiß? Das Schicksal hat Kapitän Kidd jedenfalls damit gestraft, daß er seinen Schatz nie wiedergesehen hat!«

Und wir müssen zugeben, daß das Schicksal, was die Verteilung dieser Reichtümer anbelangte, für Gerechtigkeit gesorgt hatte!